Quellen zur Geschichte der Holsteinischen Elbmarschen

AF284415

Herausgeber C. Boldt, S. Loebert, M. Boldt

Quellen zur Geschichte der Holsteinischen Elbmarschen

Band 2

Nicolaus Ruhser:
Die Erinnerungen des Nicolaus Ruhser (1848–1936)
an seine Zeit als Tagelöhner

Im Auftrag der Detlefsen-Gesellschaft

Das Erscheinen dieses Bandes wurde ermöglicht durch die finanzielle Förderung unserer Mitglieder.

Bibliografische Information der Deutschen Nationalbibliothek: Die Deutsche Nationalbibliothek verzeichnet diese Publikation in der Deutschen Nationalbibliografie; detaillierte bibliografische Daten sind im Internet über www.dnb.de abrufbar.

Redaktions- und Bezugsadresse
Christian Boldt M.A.
An der Au 11
25376 Borsfleth

Layout und Satz: Claudia Boldt
Herstellung und Verlag: BoD – Books on Demand, Norderstedt
ISBN: 9783752622010

Inhalt

Vorwort

Liebe Leserinnen und Leser,

    wenngleich Käthe Kollwitz' 1893 begonnener Zyklus »Ein Weberaufstand« weder die historische Revolte in Schlesien von 1844 noch Gerhart Hauptmanns erstmals 1892 erschienenes Drama „Die Weber" illustriert, sondern einen fiktiven Aufstand ihrer Gegenwart zeigt, sind es gewiss diese Bilder, die uns als Leser in den Sinn kommen, wenn wir von Nicolaus Ruhser[1] erfahren, dass sein Vater, Weber wie dessen Vater und Großvater ebenfalls (dieser hatte bis zum 95. Lebensjahr auf dem Webstuhl gesessen), sich die letzten dreißig Jahre seines Lebens einer besseren Gesundheit erfreuen konnte als in den Jahren, die er am Webstuhl sitzend zugebracht hatte. Somit gewährt uns Ruhser nicht nur einen Einblick in das beschwerliche Leben einer Weberfamilie – bereits mit sechs Jahren musste auch er Spulen herstellen –, sondern er zeichnet in seinen Erinnerungen auch ein Bild seiner Schulzeit, die eng mit seinem kindlichen Arbeitsleben verbunden war: mit sieben Jahren begann er Kühe zu hüten, half als Achtjähriger bei der Ernte, war mit neun Jahren Vorreiter bei Egge und Pflug, später u. a. Großjunge, Knecht und Maurer; der „Kremper Menschenmarkt" war dem Tagelöhner wohlvertraut.

    Körperliche Gebrechen erschwerten früh seine Arbeit, denn Ruhser litt an Rheuma, liebte es aber, „mit der holden Weiblichkeit [...] das Tanzbein zu schwingen", wie er es selbst ausdrückt. Zwischenmenschliches erfahren wir en détail: von Konflikten erzählt Ruhser z. T. minutiös und in derber Sprache, er gibt vor, sich an Abläufe genau zu erinnern. Der Politik, wie der Annexion Holsteins durch Preußen 1867, widmet er sich hingegen nur ungenau, betrachtet diese aber mit bissiger Ironie; anhand seiner Schilderungen des Deutsch-Französischen Krieges

---

1   *Am 14. September heiratete Nicolaus Ruhser in Krempe Margarethe Rehder (*21. Mai 1854 – 9. August 1912). Gemeinsam hatten sie vier Kinder. Am 24. Januar 1874 wurde August Joachim Ruhser, am 12. April 1875 Hermine Abeline Ruhser, am 19. März 1882 Johannes Ruhser und am 29. Juni 1889 Marta Rebecka Ruhser geboren. Margarethe Rehder starb am 9. August 1912.*

1870/71 – Ruhser wurde am 18. Oktober 1870 nach Rendsburg einberufen – erkennen wir das einfache Leben eines Webersohnes: „alle Tage gut zu Essen und Trinken, mein Herz was willst du noch mehr", in der Erinnerung an heiße oder nasse Sommer den Tagelöhner.

Die vorliegende Quelle ist bei einer Hausentrümpelung in der Kremper Marsch gefunden und bei dem ehemaligen Herzhorner Bürgermeister Klaus Lange abgegeben worden. Von dort aus gelangte sie in die Hände der Herausgeber.

Es handelt sich hierbei um die persönlichen Erinnerungen des Tagelöhners Nicolaus Ruhser (*22. Juni 1848 – 13. März 1936) aus Süderau, die dieser in handschriftlicher Form als dünnes gebundenes Heft im DIN A4-Format verfasst hat.

Er schrieb seine Erinnerungen mit Tinte im Jahr 1920 nieder. Das Manuskript befasst sich mit der Zeit von seiner Geburt 1848 bis in das Jahr 1871, es hat allem Anschein nach also mehrere Bücher gegeben. Recherchen der Herausgeber ergaben, dass Ruhser später Maurermeister geworden ist.

Dieses Dokument ist vor allem als Quelle für die Agrargeschichte der holsteinischen Elbmarschen von Bedeutung, da es nur sehr wenige Aufzeichnungen von Tagelöhnern gibt. So erfahren wir, dass Ruhser auf 27 Höfen in Süderau, Süderauerdorf, Elskop und Grevenkop gearbeitet hat.

Der Text folgt der Vorlage; Orthografie und Ausdruck wurden folglich beibehalten. Ergänzend wurden von den Herausgebern Fußnoten beigefügt mit wichtigen Hinweisen und Erklärungen und einige Abbildungen.

Wir wünschen Ihnen viel Vergnügen bei der Lektüre und bleiben Sie uns gewogen.

Borsfleth / Glückstadt im März 2021

Christian Boldt,
Sönke Loebert,
Michael Boldt

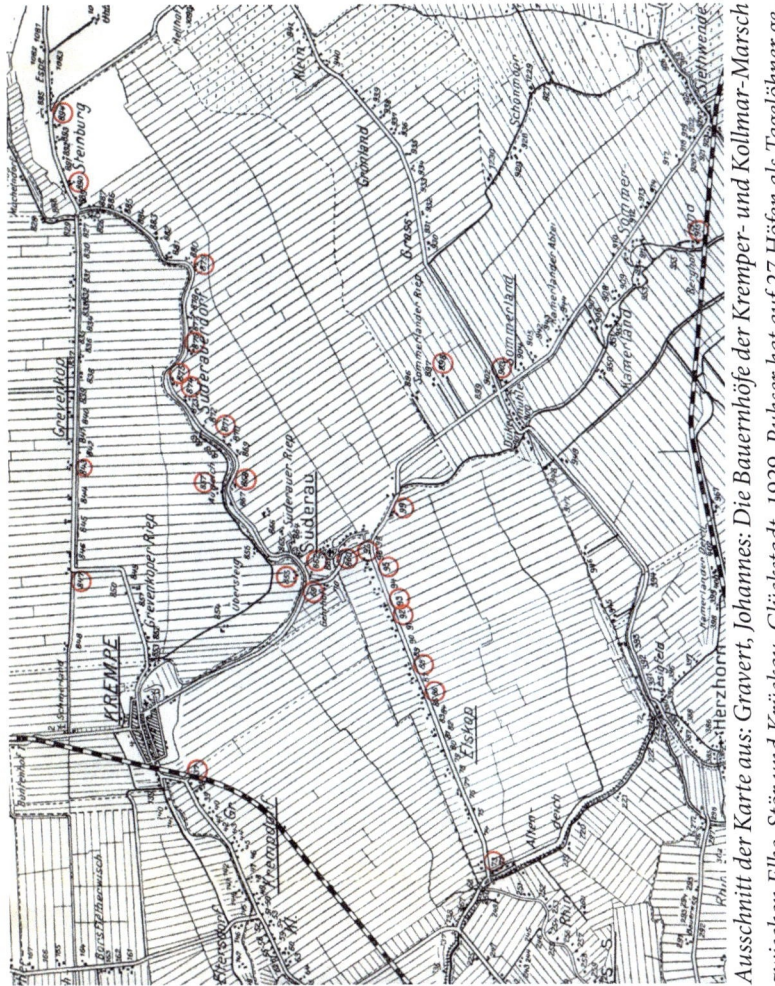

Ausschnitt der Karte aus: Gravert, Johannes: Die Bauernhöfe der Kremper- und Kollmar-Marsch zwischen Elbe, Stör und Krückau, Glückstadt, 1929. Ruhser hat auf 27 Höfen als Tagelöhner gearbeitet (Höfe mit einem roten Kreis markiert).

Die Erinnerungen des Nicolaus Ruhser (1848–1936) an seine Zeit als Tagelöhner

Nicolaus Ruhser

Ich bin geb. am 22 Juni 1848 zu Süderau im Kreis Steinburg. In dem Hause nebenan, wo ich jetzt wohne. Welches z. Z. von Hinrich Rohde bewohnt wird, derselbe ist auch ein Schulkamerad von mir. Das Haus hat die Nummer 29, daß Meinige die No. 30. Mein Vater war der Weber, Steinschläger und Setzer Jochim Ruhser, geb. am 18 Oct. 1821 zu Stakendorf in der Propstei Schönberg an der Ostsee. Meine Mutter war eine geb. Möller aus Neuendorf bei Colmar an der Elbe. Sie hieß mit Vornamen Rebecka und war geb. am 7 März 1823. Sie diente vor ihrer Verheiratung bei einer Ww. Dose zu Steinburg. Mein Vater als Steinschläger an der Chausee von Rendsburg, Itzehoe nach Altona bis nach dem Meklenburgischen beschäftigt. So hatte er lange Zeit sein Domiziel bei den damalichen Makler Hinrich Sievers auf Steinburg als Kostgänger. So wohnte er denn nebenan, wo meine Mutter diente. Also Gelegenheit zur Liebe nahe bei war. Im Jahre 1847 am zweiten Weinachtstage haben sie sich als dan verheiratet. Da haben sie sich, da eine Schwester von meiner Mutter hier schon wohnhaft war, auch hier Wohnung genommen, bei dem damaligen Schumacher Jürgen Lüdeman. Nachdem mein Vater durch Steinschlagen und sonst Landwirtschaftlichen Arbeiten sein Unterhalt verdient hat. So ist er auch merere Winter nach Eiderstedt gegangen und mit der Flegen gedroschen in Ackort[1], da der Taglohn in den 40 und 50ziger Jahren noch sehr klein gewesen ist. Ich habe es noch selbst erfahren in meinen Schuljahren wie knap es mit

1 *Akkord.*

Der Hof Süderauerdorf Nr. 38 (Gravert Nr. 879) wurde „Hingsten Doos" genannt. Foto: C. Boldt 2021.

dem Arbeitsverdienst und dem Lebensunterhalt war. Schmalhans war gewöhnlich Küchenmeister, in den meisten Familien. Wenn die Mahlzeiten auch knap bemessen waren, so sind wir doch regelmäßig satt geworden und sind nicht betteln gegangen, wie es viele Kinder mußten. Also Mittwochs und Sonnabendsmittags nach Schluß der Schule mußten viele gleich den Bettelkorb über den Arm nehmen, ohne etwas gegessen zu haben. So gings denn schleunigst auf die Bauerndörfer, um Brot und Klöße einzuheimsen zum Thor hinaus. So konnten sie sich beim Betteln (Schnorren) er mal recht satt essen. Das war denn doch gewiß keine schöne Aufgabe für die Kinder, aber sie waren trotzdem vergnügt bei der Sache. So mußten sie sich bloß in Acht nehmen vor dem Bettelvogt, sonst gabs Hiebe. In jedem Dorfe war denn auch so ein Bettelvogt angestellt, der sich denn auch Kraft seines Amtes durchfraß bei den Bauern. Ich hatte auch einmal einen Act mit dem Bettelvogt zu Süderauerdorf und Steinburg. Ich hatte im Sommer 1859 oder 60 bei dem Bauern (Hensten) Dose[2] gedient im Süderauerdorf als klein Junge. Genug am 9 Oct. War ja der Sommerdienst beim Bauern beendigt. Dan mußten wir Jungen ja wieder zur Schule. So war es damals Sitte, daß um Ende Oct. oder Anfang Nov. wurde ein Rind geschlachtet, was jetz auch noch Sitte ist. So bekamen meine Eltern denn Bescheid ich sollte mit dem Bummelkorb hin kommen um Wurst und ein Stück Fleisch zu holen. Wer war wohl glücklicher als ich. Ich also und mir mein nachfolgender Bruder Peter los. Als wir nun mit unserer Last beladen abmarschieren, wer kommt? Der Russe und ruft, wollt er mal hier. Der Russe war nehmlich der Bettelvogt in Süderauerdorf und Steinburg. Aber wir nahmen natürlich Reißaus. Wir hätten in diesem Falle gerne stehen bleiben können, er hätte uns nichts gethan, denn wir waren ja bestellt etwas zu holen. Er kannte mich sonst auch selbst Persönlich, aber nur aus Uebermuth von mir wollte ich ihn zum Narren halten. Zu solgen Abenteuer war ich denn von Jugend aufgelegt. Der Ruße war wie ich damals schon wußte, ein Disserteur von 1812[3]. Ich habe es auch selbst aus seinem Munde gehört, wie er sagte ich (der Ruße) war etwas klüger wie die Anderen, darum war ich auch Wachtmeister bei den Kosacken gewesen. Er hatte sich nehmlich beim Abmarsch aus Rethwiesch versteckt. Er war von Beruf Schneider, er ist im hohen Alter von 95 oder 96 Jahren hie zu Süderau im Armenhause gestorben. So hatte der Rußke auch die Brief und Zeitungspost auszubringen in Süderauerdorf u. Steinburg. Von Itzehoe nach Neuenbrook über Steinburg nach Elmshorn fuhr zu damaliger Zeit eine Omnibus, welche die angrensenden Ortschaften an der Chausee mit den Postsachen versah. So beförderte er Kraft seines Amtes als Bettelvogt. Da er auf Steinburg wohnhaft war, die Briefe und die Zeitungen, auch zu gleiger Zeit mit längs Süderauerdorf und fraß sich so mit Hunt bei diesem und Morgen bei den andern Bauern durch. Er hat auch auf Bällen und d.gl. den Brumbaß gestrichen, aber nicht mehr zu meiner Zeit, wo ich das Tanzbein schwang.

---

2   *Süderauerdorf Nr. 38 (Gravert Nr. 879). Der Besitzer wurde „Hingsten Doos"* *(Hengsten-Dose) genannt.*

3   *Ruhser meint wahrscheinlich den „Kosakenwinter" 1813/14.*

Um die Post auszutragen, muß sich nun keiner vorstellen, daß er eine vollgefropte Tasche trug, wie die jetzigen Briefträger. Oha! Die konnte er leicht in den Innentaschen seines Rockes befördern. Da gabs noch nicht so viel zu schreiben und zu lesen, wie es jetz ist. Bewahre wo das Geld und die Zeit her nehmen dazu. Ich weiß mir noch zu erinnern, wie mein Vater einmal einen Brief von seiner Schwester aus Amerika bekam, der die Kleinigkeit von sage und schreibe 28 Schilling kostete also nach unserm jetzigen Gelde 2 Mark 10 Pfennige. Was sagt Ihr jetz dazu? Nun mit den Zeitungen gings auch so. Die meisten Bauern hielten mit 2 u. 3 Mann eine zusammen. Hier im Kirchdorf hielten die 4 Wirthe die beiden Pastoren ein Schumacher Hinr. Hein welcher keine Kinder hatte und ein Schumacher Carsten Hinz welcher unverheiratet war, beide sozusagen schon etwas politisch veranlagt. Dan war noch der Uhrmacher Hinr. Schaumann welcher auch die Itzehoer Nachtrichten hielt. Das waren sie alle im Dorfe. Jetz hat ja Jeder eine Zeitung. So hatten wir hier im Dorfe auch eine alte Frau die, die Brief und Zeitungen von Krempe hin und her beförderte. Sie hieß mit Namen Vanert. Die hatte den Krieg von 1812 auch schon mitgemacht als Magetänterin[4]. De haar gehörig Muus um de Tän, wie man zu sagen pflegt. Dieselbe hatte die Pfeife auch stets im Mund. War dem nach eben solche Persönlichkeit wie der Rußkosacke. Also jetz wieder zurück zu den Korb mit den Würsten. So hatten wir denn auch Auftrag bekommen, auf unserer Heimreise Bestellungen zu machen, bei den Töchtern von Dose. So kehrten wir denn bei dick Jacob Schröder[5] ein, den Schwiegersohn von Dose und bestellten unserm Auftrag. Wie wir da wieder heraus kamen, war der Rußke auf 50 bis 60 Meter in der Nähe. Wieder fuchelte er mit dem Stock und schimpfte dazu. Wir nahmen natürlich wieder Reißaus nach der andern Tochter, nach Timm Wohlert[6]. Kaum hatten wir unsere Bestellung gemacht und uns wieder abschoben, war der Rußke wieder auf 100 Meter herangekommen. Er hatte daselbst auch etwas zu besorgen, wo die Zeit mit hin ging. So kamen wir denn bis zum Bauern

4   *Marketenderin = Händlerin bei der Feldtruppe.*
5   *Süderauerdorf Nr. 31 (Gravert Nr. 876).*
6   *Süderauerdorf Nr. 29 (Gravert Nr. 874).*

„Bullen-Doos", Süderauerdorf Nr. 30 (Gravert Nr. 875). Foto: C. Boldt 2021.

Thormählen wo jetz ein Wischmann[7] wohnt bei dessen Ellernholz[8] an der Straße. Da mußte ich denn Not gedrungen meine Notdorf verrichten. Also Hose runter und zwischen den Bäumen. Mein Bruder wollte schon das Hasenpanier nehmen, hielt ihn aber doch zurück, er war ja bange. Ich sagte er würde uns garnichts thun. Ich hatte den Korb auf den Fußsteig stehen lassen, eine Wurst kuckte noch halbwegs zum Korb heraus. Wir hatten ja nicht gebettelt, sondern waren bestellt um etwas zu holen. Auch kante er mich auch Persöhnlich und meinen Vater und Mutter auch. Mein Vater war ja lange Zeit bei seiner Tochter in Kost gewesen. Nun ich hatte die Hose eben wieder hoch, als sich das Ungeheuer sehen ließ. Was sagte er, Wurst und Flusk im Korb? Er hatte noch seine russischen Ausdrücke. Ich konnte ihn aber gut verstehen aber lachen wollte ich lieber nicht, sonst hätte er noch möglich mir einige Schläge verabreicht. Ich sagte deshalb bloß das hätten wir von Hengsten Dose[9] geholt. Da wohnte nehmlich noch ein Herm. Dose mehr im Dorf, der

7 *Süderauerdorf Nr. 27 (Gravert Nr. 871).*
8 *Ellern = Erlen.*
9 *Süderauerdorf Nr. 38 (Gravert Nr. 879).*

Links: Textilherstellung aus Flachs. Frau an der Breche. Rechts: Frau am Schwing-
bock. Fotos: Detlefsen-Museum Glückstadt, Fritz Lau-Vermächtnis.

wurde Bullen Dose[10] genannt. Wir wären bestellt gewesen um etwas zu
holen. Da sah er mir recht ernsthaft ins Angesicht und sagte: Sie veruch-
ter Ruhserjunge, mich alten Mann vor narren holen? Wart werd to dien
Vadder seggen, soll dir Puckel geben. Der hat natürlich tüchtig gelacht
wie wir es erzählten, die Mutter ward jedoch etwas böse, es dauerte aber
nicht lange. Nun dan freute die Mutter sich doch, als ich alles auspackte
und lachte dabei daß ich den Rußke zum Besten gehalten hatte.

Also zurück wo ich noch 2 u. 3Jährig war und mein Vater noch nach
Eiderstedt ging. So waren zu damaliger Zeit noch ganz andere Verhält-
niße wie wo ich dies schreibe. Heute haben wir den 6 Mai 1920. Also damals wurde noch allendhalben Flachs gebaut beim Bauern. Die meisten
kleinen Leute bauten auch selbst Flachs zur ihrem eignen Bedarf. Beinahe jede Frau span Flachs zur eignen Bedarf an Bekleidung an Hosen,
Hemden, Jacken, Bett und Handtücher Tischtücher u. d. gl. Deshalb

10 *Süderauerdorf Nr. 30 (Gravert Nr. 875). Der Besitzer wurde „Bullen-Doos"*
    genannt.

16

waren auch allendhalben Handweber im Dorfe. Hier im Dorfe waren 4 Stück Leineweber seßhaft. Johann Heins im Hause No. 4 wo z. Z. Jacob Kröger wohnt. Hinr. Sahs[11] No. 40 an der Brücke wo der Schuhmacher Tscheppe wohnt. Weber und Maurer Jochim Hauschildt No. 20 auf Sushörn und dan an der Aue der Weber Hahn wo der Tischler Heinrich Schramm wohnt. Mein Vater hatte das Weberhandwerk auch gelernt von seinem Vater und dessen Vater war auch Weber gewesen. Derselbe hat bis zum 95 Lebenjahr auf den Webstuhl gesessen. So entschloß sich denn mein Vater auch das Weberhandwerk als seinen Hauptberuf einzuführen. So ließ er sich denn einen neuen Webstuhl bauen von dem Zimmermann Erich Suhs wohnhaft hinter der Kirche wo jetz Theodor Nagel wohnt. So mußte er denn auch ein größeres Zimmer/Döns haben um platzierung des Webstuhls. So wurde die hintere Döns des Hauses No. 12 am Goosplatz etwas vergrößert. Das Haus war damals Eigenthum des Zimmermeisters Suhr. Zur Zeit wohnt ein Namens Johs. Richter dort. Meine Eltern haben 16 bis 17 Jahre dort gewohnt. So gings Weben denn ja los, bekam auch Arbeit genug. Er verstand sich auch auf die Buntweberei. So hat er auch damals noch viele Tischtücher und Handtücher gewebt, sowie Bettzeug u. d. glm. So wie die Welt stehts im Fortschreiten ist, so kam es auch mit der Weberei. Es kamen immer mehr Maschienen in der Spinn und Weberei. Da immer mehr auswanderten nach America so wurde die Baumwolle immer mehr angebaut und der Flachsbau desto mehr herunter in der Heimat. So hat denn mein Vater Anfang der 60zieger noch mehrere Jahre, für die Firma Mentel in Glückstadt nur Unterbettzeug gewebt, wo er mehr bei verdienen konnte. Dieses Bettzeug war aber nicht so dauerhaft als das Alte. Das Alte wurde ja auß reinem Flachs hergestellt. Die Neue war nur der Längsfaden Flachs und der Einschlag Baumwolle. So gings denn ja auch mit dem Hemdentuch Halbleinen genannt. Durch die Maschienen Kraft konnte bald die Elle Tuchs so billig hergestellt werden, als der Handweber für die Arbeit zum Weben haben mußte. Dazu kam denn ja auch noch der Krieg in den Vereinigten Staaten dazu, wo denn auch die Baumwoll Weberei herunter kam. So waren hier denn auch sämmtliche Weber bis auf meinen Vater verstorben. Mein Vater hat denn auch, da der Flachsbau gänzlich auf hörte im Winter des Jahres 1873 u. 74 Schluß

11 *Sahs = Saß, siehe auch Hahs = Haß.*

gemacht. Es war auch gut so, denn er ist die letzten 30 Jahren seines Lebens viel gesunder gewesen als die 20 Jahre welche er auf dem Webstuhl gesessen hat. Also mein Vater war Weber und so hatte auch ich schon früh, mein Theil Arbeit damit beigetragen. Ich mußte schon mit 6 Jahren Spulen machen. Das sind (Leeren heißt sie der Weber) Rethhalme von 10 cem Länge und 1 Centimeter Dicke. Welche im Schiffgen auf einer Welle befestigt werden und sich sodan darauf drehen können, wenn der Weber das Schiffgen von links nach rechts und rechts nach links durch das Garn stößt. Auf diese Leeren Rethhalme mußte ich das Garn (Einschlag) auf spulen aber recht sorgfältig. Denn die Leeren hatten ja keine Kanten als eine Garnrolle auf der Nähmaschiene. Es mußte deshalb auch sorgfältig und sauber aufgespult werden, damit es nicht abschurren that im Schiffgen durften deshalb mithin nicht so groß sein, damit sie sich in dem Schiffgen drehen konten, sonst gabs Klaps. Die Ausführung geschah auf einem Rade, ähnlich eines Spinnrades. Also kam mann Mittags aus der Schule, so hieß es, wenn man gegessen hatte einfach Spool maken. Nun noch eins. Wenige welche jetz noch leben zu dieser Zeit kennen einen Webstuhl. Wie so ein Instrument aussieht machen sie sich auch keinen Begriff. Ich führe hier nur den Sitz an den der Weber bei seiner Arbeit inne hat. Der Weber muß ja stehts mit den Händen und Füßen zugleich arbeiten. Er sitz somit auf einem schrägen Brett mit Seinen Hintersen (Arsch) mit dem Leib stützt er sich vorne gegen einen Conerbaum. So baumelt er so zu sagen zwischen Himmel und Erde, bei seiner Arbeit. So ist dieser Sitz denn auch ja sehr ungesund, da der Leib stehts eingedrückt wird. Also ich mußte Spullmachen in der Schulpause des Mittags, welches denn auch ja nicht so schlimm war. Denn wir Größeren durften uns wärend der Pause nicht draußend bei der Schule sehen lassen. Nein dan kam einfach der Gewaltige heraus und frug ob wir nichts zu lernen hätten? Damit Basta. Wenn einer seine Lektion nicht wußte und endschuldigte sich er hätte keine Zeit gehabt und er hatte denselben Tags zuvor auf der Straße gesehen. So konnte derselbe seinen Puckel nur schnürren, dan gabs Hiebe, aber derbe. Wir hatten außer der Schulzeit vor unsern Hans Jürgen Hööck, so hieß der Lehrer, solchen Respekt, daß wenn er des Weges daher kam, wer ihn zuerst gewahr wurde, einfach rief: Hööck de kummt. Dan stob alles auseinander gleich den Sperlingen wenn sich denen ein Habicht nähert und sich in den Hecken verkriegen. So bald der Klemmer sich dan entfernt hatte, kamen auch wir gleich den Sperlingen hervor und das Schwitschern und Spielen ging wieder los. Ueberhaubt war unser Hööck ein ganz gestrenger Gebiter in seinem Amte. Obgleich wir 110 bis 120 Kinder in einer Stube waren, so war es doch so still darinnen als während der Predigt in der Kirche. Die Kinder welche bei ihm die Schule besucht haben, können sich nicht beklagen das sie nichts gelernt haben. Denn dan ist es ihre eigne oder der Eltern Schuld das sie nichts gelernt haben und Dumköpfe geblieben sind. Während des Schreibens und Rechnens war es so still, als wenn keiner anwesend war. Schramte dan einer zufällich 2 bis 3 Mal mit dem Griffel auf die Tafel, flugs war der Gestrenge da und verabreichte dem Uebeltäter eins über dem Hintertheil. Wenns ein Kleiner war, nahm er Ihm den Griffel aus der Hand und spitzte ihn an. Unser Lehrer war 29. Febr. 1804 bei Sehestedt geb. Eins muß ich noch hervor heben, obgleich recht viele Schläge von ihm bekommen habe bin ich ihn deshalb doch nicht gram geworden. Wegen des Lernen bin ich auch nicht bestraft worden, sondern wegen den vielen Kraienschiit[12] wat ick in Kop har.

Also nochmals zurück als ich noch 3Jahrig war, wo wir in dem Hause No. 12 wohnten am Goosplatz. Der Platz hat daher wo seinen Namen von her. Das zu damaliger Zeit im Sommer kam ein Gooshändler Namens Max Söht aus dem östlichen Holstein mit Gänsen zum Verkauf. Also nach Beendigung des Krieges von 1848 u. 50 waren hier noch Oestereicher[13] zur Besatzung die hatten weiße Jacken an. Nun wohnte auch mit meinen Eltern ein Schumacher Joh. Albers hier zusammen im Hause. Dessen Bruder wurde unglücklicher Weise unschuldig von den Oestreicher blutig geschlagen. So erinnere ich mich noch das mein Vater den Albers die blutigen Haare vom Kopfe schnitt, was ich mir zu Herzen nahm. So kam ich, da ich schon früh einen unruhigen Geist hatte, vor dem 5ten Lebensjahre zur Schule. Wo ich die Woche bis zum 5ten Lebensjahre 2 Schilling und dan bis zum 6ten 1 Schilling Schulgeld Eikstra[14] zahlen mußte. Da ich nur klein von Person aber Lernbegierich

---

12 Kreihnschiet = Dummheiten, auch „launige Einfälle" (siehe Mensing: Schleswig-Holsteinisches Wörterbuch).

13 Das war 1865/66 und Ruhser war 17/18 Jahre alt.

14 Soll wohl „extra" heißen.

war, so war ich denn auch des Lehrers Liebling. So setzte er mich mehrfag zu sich auf dem Pult. Im Lernen war ich die ersten Jahre denn den 2 u. 3 Jahre älteren voraus. Aber mit dem älter werden, kam ich auch den Sommer weniger zur Schule. Lernte auch mehr Unartigkeiten, was mir denn auch die Liebe des Lehrers entzog. So kam es denn wenn ich vom Bauern im Herbste zur Schule kam, mich zurück setzte vor denen welche im Sommer die Schule besuchten. Na wie ich konfirmiert wurde war der zweite beste sonst hätte ich nach dem Lernen wohl die Oberste Stelle wohl 2 Jahre behaupten können. Na ich bin auch so durchgekommen. Es ist aber doch auch eine Ehre der Oberste zu sein. Meine beiden Brüder haben die Ehre gehabt. Mein jüngster Sohn hatte auch die Ehre und meine jüngste Tochter war 2 Jahre in der Unterklasse sodan auch 2 Jahre in der Oberklasse die Oberste gewesen. Also mit 7 Jahren mußte ich zuerst Gut hüten d. h. Wenn in der Ernte das Korn längs der Weide zu Haus gefahren werden muß. Dan muß man das Vieh zurück halten auf der Weide, damit es nicht zwischen Korn u. d. gl. Schaden anrichtet. Das erste Mal that ich dies Geschäft bei dem damaligen Hofbesitzer Peter Tonner[15] auf dem Audeich wo jetz Herm. Knoop wohnt. Also der Mittag kam, den Schlagbaum zugemacht und nach den Knecht hin welcher das Korn aufladen that zum Essen. Aber oh weh! Es gab Weizenklöße und Apfelmus, mit Metwurst dazu. Ich nahm denn ja Reißaus denn Weizenklöße waren mir noch Unbekant und weinte ich kante nur Buchweizen Klöße. Nun zur dermaligen Zeit gabs noch zu jeder Mahlzeit Brot und Butter auf den Tisch. Also schmirte mir der Knecht den ein derbes Butterbrodt auf mit Metwurst belegt, das ich dann verzehrte. Der Knecht hieß Claus Sahs und war eines Pantoffelmachers Sohn hieselbst. Nachher habe ich mich denn aber doch mit den Weizenklößen ausgesöhnt. Den nächsten Sommer war ich bei Lütje v. Leesen in Elskop[16], als Aushilfe in der Ernte. Der Knecht hieß Henning Böge, daß Dienstmädchen Anna Wörthmann welche sich zum Herbst verheirateten. Mit dieser Frau hat nachher meine Frau noch viele Arbeit gemeinschaftlich verrichtet. Sie lebt jetz noch muß an die 90 Jahre alt sein. Den darauf folgenden Sommer war ich bei Matten Magens in Elskop[17] als

15 „Vogtspflug", Grevenkop, Audeich 8 (Gravert Nr. 857).
16 Elskop, Dorfstr. 3 (Gravert Nr. 95).
17 Elskop, Dorfstr. 1 (Gravert Nr. 97).

Junge beim Kühehüten in der Kremper Marsch, um 1900. Detlefsen-Museum Glückstadt, Fritz Lau-Vermächtnis. Foto: D. Vahlendick, Kellinghusen.

Vorreiter bei Egge und Pflug. Da ging es denn auch ja lustig her. Also 2 Knechte und 2 Tagelöhner und 4 Jungens das war nach meinen Geschen. Als Vorreiter hatte ich einen frommen Gaul als Reitpferd. Derselbe war so hohl im Rücken, das ihm der Sattel vorne auf der Schuft[18] und hinten beinahe aufs Kreuz lag und so breit wie Sorgenstuhl[19] war, daß ich mit meinen kleinen Beinen garnicht darauf ritlings sitzen konnte, sondern ich mußte quer wie eine Dame auf dem Pferd sitzen. So erscholl denn manchmal der Ruf von dem hinter dem Pfluge gehenden Knecht. Niklas[20] wonehm[21] büüst du. Ich dan Kerzengerade aufstand und rief hier bin ich! Dan kam es ja auch mit vor, daß wir mit dem Wagen vom Haupthof längs dem Dorfe fuhren nach dem Hofe in Kremp-

---

18 *„Widerrist des Pferdes" (Mensing: Schleswig-Holsteinisches Wörterbuch).*

19 *Sorgstohl = scherzhaft für „Lehnstuhl" (Mensing: Schleswig-Holsteinisches Wörterbuch)*

20 *Hier taucht zum ersten Mal der Vorname des Verfassers auf: Niklas (Nicolaus).*

21 *eigentlich „wo neben", allgemein für „wo". (Mensing: Schleswig-Holsteinisches Wörterbuch).*

Pflügen mit einem Eisenpflug um 1900. Detlefsen-Museum Glückstadt, Fritz Lau-Vermächtnis. Foto: D. Vahlendick, Kellinghusen.

dorf[22]. So mußte ich mich denn auf das Pferd rechts setzen welches vor den Wagen ging. Zu solchen Unfug war ich denn ja stehts bereit. Was ich noch erinnern möchte. Der Knecht hieß mit Namen Wilhelm Pining er wohnte auf Sushörn im Hause No. 18[23] zu Miete. Er bekam zu der Zeit den größten Lohn in der Umgegend. Er verdiente das Jahr 72 Thaler Courant a 3,60 Mark also 259,20 Mark und Kost also die Woche 5,00 Mark damit mußte er Frau und 3 Kinder ernähren mehr hatte er leider nicht. Was sagt der Leser jetz dazu? Das andere Jahr war ich bei Thies Spliedt in Elskop[24] als Vorreiter da gabs denn auch nicht viel Neues für mich zu betrachten. Die dan darauf folgenden beiden Sommer war ich bei Henchsten Dose[25] in Süderauerdorf als Kleinjunge. Da gabs denn auch nicht viel für mich über die Strenge zu schlagen, es waren ja

22 *Groß-Krempdorf, Magensweg 1 (Gravert Nr. 37).*
23 *Elskop, Hof „Sushörn", Sushörn 18 (Gravert Nr. 99).*
24 *Elskop, Dorfstr. 7 (Gravert Nr. 92).*
25 *vgl. FN 2.*

Einbringen der Getreideernte. Detlefsen-Museum Glückstadt, Fritz Lau-Vermächtnis. Foto: D. Vahlendick, Kellinghusen.

Meistens alte Leute daselbst. Des Morgens hatte ich denn schon einen schönen Spaziergang zu machen, wenn nach dem Vieh sehen mußte. Also nach Steinburg zuerst 800 Meter dan 3 Kampen herunter nach dem Wohldgraben 1800 Meter am Wohldgraben endlang 800 Meter und wieder herunter nach dem Hause 1800 Meter. Macht schon die ansehnliche Spaziertour von 5200 Meter Länge. Damals wurde denn auch ja noch halb 4 Uhr angestanden, wo es denn im Herbste noch sehr dunkel ist. Das Jahr 59 war ein trockenes Jahr aber das Jahr 1860 war ein sehr naßer Sommer in der Ernte. So mußte ich unter der Auftsicht des Bauern Zweimal am Tage im Backofen heitzen damit die Schnitter und Binder Morgens und Mittags trockenes Zeug anziehen konnten. Die Gräben waren allendhalben wo es etwas niedrich war 2 bis 3 Meter aufs Stück stand. So mußten sie an einigen Stellen das Korn direkt aus dem Wasser holen. So gabs den auch eine späte Ernte. Wer den 1 Nov. noch seinen Lohn nicht zu Haus hatte mußte warten bis der Frost kam. Es gab denn in den naßen Sommer 56 u. 60 sehr viel Aehren und Bohnen zu sammeln. Da bekamen wir denn im Winter (Stuten) Weißbrodt zu Essen, hei wie das schmeckte, natürlich etwas süß von dem ausgewachsenem Korn. Aber was schadet das wir bekamen doch Weißbrodt, was uns sonst nicht geboten wurde. Dan die Pferdebohnen waren eine Hauptspeise und wenn dan die Kartoffeln nur einiger Maßen gesundt blieben, dan kamen wir den Winter auch durch. Das Jahr 1861 Sonntags nach St. Peter den 22 Febr. ging mein Ziel nach Steinburg bei Johannes Klüver[26] als Klein Junge. Das war eine herliche Stelle für Nicolaus. Da hatte ich Sonntags recht viele Spielkameraden. Daselbst hatten wir auch einen großen Hund der wog als er ein halb Jahr alt war schon 90 Pfund der Knecht Tees Schlüter wog ihn. Er war ein Neufundlender Rasse wie sie sagten. Also den lernte ich an, daß ich darauf Reiten konte. Wenn ich dan Morgens und des Abends nach dem Vieh sehen mußte, dan setzte ich mich darauf und im raschem Trabe aufs Feld hinaus. Nach und nach wurde er denn auch etwas einfältig. Wenn wir eine Strecke zurückgelegt hatten dan setzte er sich flugs auf den Arsch und Nicolaus rutsche denn auch herunter und lag auch oft auf den Arsch. Nun dan liefen wir eben eine Strecke nebeneinander her. Das dauerte nicht eben lange. So sah er mich an, und ich ihn und das Reiten ging wieder los. Wenn ich dan das Vieh überzählte, dan dauerte es ihm manchmal schon zu lange bis ich wieder Aufsaß. Dan schnupperte er an mir rum daß ich benahe auf den Rücken fiel. Er hatte somit auch Vergnügen daran wenn ich oben auf ihn saß. Zurück nach Haus ging es dan gewöhnlich ohne Unterbrechung, im vollen Trap. Aber sonst durfte sich da auch keiner von den andern Jungens darauf setzen, er war nur für mich dazu bereit. Als Reitpferd ging er denn ja gut mit mir davon. So wollten wir ihn denn auch das Ziehen vor den Karren lernen ich und der Großjunge Heinrich Schramm aus Neuenbrook, aber das konnten wir ihn jedoch nicht beibringen. Also wir Beide spanten ihn an. Grade aus ging es denn auch aber wollten wir umwenden und die Stränge kamen ihn an den Beinen, dan biß er danach und auch nach uns. Nun es ging noch glimpflich ab. Denn er hatte mir bald die ganze Hand dabei abbeißen können. Denn dan kugelte er sich rund herum und rappelte alles durcheinander. So gaben wir es denn auf um Unglück zu vermeiden. So wurde er denn auch immer Mürrischer gegen seine Umgebung. Hauptsäch-

---

26 *Johannes Clüver Steinburg (Gravert Nr. 890).*

lich gegen seines Gleichen, vor allen gegen die Ziehunde. Zu darmaligen Zeit war noch sehr viel Hundefuhrwerk auf Steinburg. So kam auch eines Tages Ernst Hahs mit seinem Fuhrwerk daher. Ich und die beiden Mädgen waren dicht an der Cchausee beim Hofthor beim Steindam zu reinigen (Gäten) und der Hund lag nahe bei uns. So wollten wir den Hund anfaßen. Aber Hahs drohte schon von Ferne mit einen großen Knüppel, laß ihn nur. Ick hef goden Knüppel. Aber oh weh! Unser Hecktor sprang auf den Ziehund los, daß er herumpurzelte. Hahs versetzte ihn dan mit einen Knüppel einen Hieb übers Kreutz. Aber ehe er zum zweiten Mal ausholen konnte, war der Hund mit einen Sprung gegen die Brust gefahren, daß er lang wie er war auf den Rücken lag am Graben. Wir griffen dan energisch zu und brachten unsern Hund zum Pferdestall. Dan gingen wir wieder hin nach der Cchausee zu Hahs. Deselbe lag noch Kreidenweiß am Graben. Er war zum Glück mit dem Hinterkopf ins Gras gefallen. Wäre er mit dem Hinterkopf auf die Kante des Tritour[27] oder auf den Kopfsteinen der Cchausee gefallen, so wäre er unbedingt eine Leiche gewesen. Da schon mehrfach Klagen über die Unsicherheit des Hundes eingereicht waren in diesen Fällen, sonst that er jedoch Keinem etwas zu Leiden. So wurde er denn an einer Pflugkette angebunden. Aber das Angebundensein gefiel ihn nicht. Dan machte er ein so schreckliches Geheul, als wenn eine ganze Menagerie im Hause wäre. So wurde er denn einfach in einer Bokse eingespert. So wurde er denn nach und nach gegen Katzen und d. gl. immer mürrischer. Die biß er alle todt so er sie faßen konnte. Einmal war ich beim Kohl hacken und der Hund nahe bei mir. Da kamen 2 Hasen angerant und gerammelt, wie es man nennt bei den Hasen. Der mänliche Hase wird auch ja Ramler bei den Hasen und Kanienchen genannt. Ich verhalte mich denn ganz still, die Hacke zum schlagen bereit, der Hund halb im Schlaf nahe bei mir. Wie sie ganz nahe bei mir sind rufe ich Hecktor hieß: Er sprang dazwischen und kriegt den Einen zu faßen. Mit einem Biß ist der Hase in zwei Hälften geteilt. Ich schlage mit der Hacke zu, aber eben zu kurz. So kam der Andre mit dem Leben davon.

Sollte ich Sonntags etwar Pferde holen von der Weide wenn die Herschaften ausfahren wollten. So machte ich mich schleunigst Barfuß auf den Weg zur Weide. Stellte das Pferd etwas niedrig am Graben hin und

---

27 *Gemeint ist wahrscheinlich „Trottoir", der gepflasterte Bürgersteig.*

hüpfte in die Höhe, daß ich die Mähne zu faßen kriegte und schwang mich rauf. Zu hoch war mir kein Pferd bekam ich nur die Hände fest, dan war ich auch schon oben. Dan stand ich Kerzengerade aufs Pferd und in vollen Gallop gings von Statten, was das Zeug holen konnte. Aber mein Herr Klüver war nicht recht damit einverstanden zu solchen Kunststücken. So hat er mich einmal recht derb am Arm angefaßt mit seinen großen Fäusten und auch zugekniffen. Er sagte Nicolaus das muß du nicht auf dem Pferde stehen, du kanst herunter fallen. Dabei kniff er aber feste zu, daß ich dachte er würde mir noch den Arm zequetschen. Ich habe es doch mehrfach wieder brobirt. So hatten wir daselbst auch ein ausrangschirtes Dragoner Pferd, welches oft störig (stehisch) wurde, wenn es den beladenen Wagen anziehen sollte. Hauptsächlich beim Mistfahren. So fiel es ihm denn auch mal ein bei Mistfahren, wie ich darauf saß. So hatten wir daselbst einen Tagelöhner Schmook von Hohenfelde welcher Mist auflud, der verstand ihn aber. Er holte einen Arm voll Rapsstroh aus der Scheune, ein Streichholz aus der Tasche. So Niklas seet die fast hin. Ja, warf das brennende Stroh dem Pferd zwischen den Beinen unterm Bauch und Holla gings los. Ich hatte genug zu halten, daß er mir nicht durchging. Ein brobates Mittel also. Wenn er nachher sich mal muksch zeigte konnte einer nur eine Handvoll Stroh oder Gras nehmen und hinwerfen, dan ging er ab. Hier bei diesem Bauer habe ich im Herbste zum ersten Mal mit 6 Pferden allein den Pflug Getrieben. Eine große Ehre für mich. Also mit 13 Jahren wie ich waren noch nicht mal viele Jungen mit 4 Pferden eingeübt, also eine ganze Leistung. Also es muß auch alles damit zueinander sein. Erstens müßen die Pferde from sein, zweitens der Knecht dazu geeignet und dan der Treiber natürlich aufpassen. Der Knecht war denn auch dafür ausersehen, gutmütig und sanft. Viele Facksen durfte ich bei ihm nicht machen, da war er zu vernünftig dazu. Sonst hätte es auch nicht gegangen. Der Knecht hieß Thees Schlüter ist nachher wie er verheiratet war Fuhrmann auf Horst gewesen. Um noch mal wieder auf den Hund zu kommen, so hatte Herr Klüver ihn aus Hamburg von seiner Verwandschaft als 6 Wochen altes Junge bekommen. Er fraß eben soviel Klöße als 2 Männer zusammen. Wenn wir satt waren, setzte er sich nachher von selbst etwas entfernt vom Tische hin und garte auf, wenn ihm einer von uns Klöße zuwarf. Die fing er eben wie sie angeflogen kamen mit

Elskop, Dorfstr. Nr. 10 (Gravert Nr. 88). Foto: C. Boldt 2021.

seinem großen Maul auf. Ohne zu kauen rutschten sie nur hinunter. Das war bloß ein Habs weg war er. Ich war ja des Hundes bester Freund, weil ich am Meisten mit ihm verkehrte. Wie es denn auch ja im algemeinen heißt, Hunde u. Jungens gehören zusammen. So wie die Mädchen welche ihn haubtsächlich fütterten. Deshalb gehorgte er uns auch am Besten. Das andere Personal war ihm Nebensache. Im nächsten Frühjahr wie ich bei der Witwe Teuer Greve war, wo jetz ein Namens Kahlke wohnt, wo ich durch die Vermitelung des Herrn Klüver war. Wurde der Hund abgeschaft und mußte die Reise nach Hamburg wieder antreten, nach dem Kaufmann Schwenk, wo er auch hergekommen war. Dessen Kaufmann Sohn August Schwenk hat nacher die Landwirthschaft bei Valentin Schmidt in Elskop[28] erlernt. Wo nachher da er das Gewese desselben übernommen hatte gewohnt. Daselbst hat meine jüngste Tochter Martha von 1 Nov. 1904 bis 1906 als Kleinmädgen gedient. Jetz wohnt sein Sohn Walter daselbst. Also im Jahre 1862 am Sonntage nach St. Peter ging ich in Dienst bei der Ww. Greve auf Steinburg[29], als lütj Jung.

28 *Elskop, Dorfstr. 10 (Gravert Nr. 88).*
29 *Steinburg, Hauptstr. 31 (Gravert Nr. 894).*

Bei Pferd und Pflug war ich aber Großjunge. Das ging so zu. Der andere Junge war 1 Jahr älter wie ich und auch halben Kopfes länger wie ich. Der hatte aber noch nicht viel aufs Pferd gesessen. Er stammte aus Dägeling und hieß mit Namen Klaus Hobts. Er hieß Hobs und war ein Hobs sagte der Knecht. Er war ein wahrer Tüffel. Blos bei Tisch ging er vor, dan war er Großjunge, derweil er bedeutent größer war als ich. An Körperkräfte war er mir weit überlegen. Doch wenn wir uns prügelten, war ich oben auf, ich war ja schlanker wie er, er war unbeholfen. Nun wir haben uns jedoch gut vertragen mit einander. Daselbst habe ich denn auch zum ersten Mal Exstra gefahren mit dem leeren Mistwagen. Das kam so: Also zurück nach Haus. Da der Wind recht stramm aus Westen wehte so fuhr ich auf die Ostseite des Stückes hinlang um etwas geschütz vor den Wind zu sein. Also von raschen Traben und den Windstößen fiel die Wagenfläcke, da sie nicht angebunden war an den Rungen mir auf den Rücken. Nicolaus als kleiner Mann fiel herunter. Die Räder gingen mir über den Beinen. Ich jedoch gleich wieder hoch, und hinter den Wagen her. Bekam den Wagen auch zu faßen, aber von dem Klabs der Wagenfläcke erschrekten die Pferde und ranten davon. So konnte ich keinen Anlauf zum Aufhopsen bekommen und mußte los lassen. Es wurde aber nicht so schlimm. Die beiden Auflader kamen den Pferden entgegen und ergriffen sie. Die Pferde hatten sich nichts weiter dabei gedagt, ich denn auch ja nicht. Daselbst hatten wir auch ein Pferd, welches Schmidt genannt wurde. Dasselbe verhielt sich so: Dasselbe war sonst ganz from und manierlich, aber da konnte man nicht einfag mit nach den Schmidt[30] reiten und es beschlagen lassen. Oho nein! Sondern dierekt nach Krempe zum Tierarts und das Zeug zum Dalschnürren[31] geholt an allen Vieren. Dan erst konnte der Schmidt seines Amtes walten. So hatte es auch die Nücke, wenn es vor den Wagen ging oder als Leitpferd vorne vor den Pflug ging, stehts der Schwanz am Ziestrang befestigt werden mußte, damit es nicht mit dem Schweif über die Leitstränge schlagen konnte. Sonst schlug das Kreatur alles kurz und klein. So hatte der Knecht denn dem Pferde einen Sacksband, ähnlig

30 *Schmied.*

31 *Dal = nieder, herunter (Mensing: Schleswig-Holsteinisches Wörterbuch).*
   Dalschnüren hier im Sinne von fest- oder zusammenbinden.

einer Wurst in den Schweif eingeflogten. Wo alsdan der Ziestrang durchgestekt wurde um Unfall zu vermeiden. So konnte es denn leider auch keine Fliegen abwehren, was denn leider schlimm genug war. Ging es hinten vor Pflug oder Egge that ja nicht nöthig. Ich muß gestehen in diesem Sommer habe ich allerlei erlebt schon als Junge, was ich jedoch der Nachwelt mir vorbehalte. Wie ich mich von Jugend auf vor nichts fürchtete und wenn ich Recht hatte, mich auch Keiner abhalten konnte, was ich mich vorgenommen hatte. Somit mich auch nicht ins Boxhorn jagen ließ. So war ich, so klein ich auch war, fest auf meinen Standpunkt, den ich nie verließ, ohne viele Worte zu machen. Was mir auch bisher in meinem Alter von 72 Jahren[32] wo ich dies schreibe, stehts gelungen ist. Also auf dem Hof der Ww. Greve ist ja die Grenze zwischen der Kremper Marsch und der Gest von Hohenfelde. Nun ist da vorne vor dem Hause an der Aue bei Muchelndorf noch ein kleiner Kamp von 15 bis 20 Rth.[33] = 75 bis 100 Meter Länge, welcher noch schwerer Marschboden ist. Gräben von 7 bis 8 Fuß Breite, dieselben waren gekleit und voll Wasser. Daselbst waren wir beim Eggen mit einem sogenanten Kratscher von 1½ Meter Breite. Also 7 Pferde hatten wir davor gespannt, mehr hatten wir auch nicht. Hinten 4 Vorne 3 Pferde. Als wir Oben fertig waren, wollten wir denn ja auch an den Gräben längs, mit demselben Gespann 4 u. 3 Pferde. Ich kam jedog vom Pferde herunter um sie umzuspannen wie es üblich ist 2 u. 2 u. 2 Pferde in Linie, wie es allgemein allenthalben gethan wird und Sitte und Gebrauch ist. Da wollte der Knecht aber wie er sich ausdrückte, keine Zeit zu lassen. Ich protestirte denn ja dagegen ich würde nicht zu Pferde steigen dan könnte er ja selber dahin lang treiben an den Gräben. Nun ich mußte der Gewalt weigen. So nun gings los, bischen dichter, noch bischen dichter ran. Aber am Graben längs lagen noch erst recht große Erdschollen, also erst recht schlecht und unsicher zu gehen für das Pferd am Graben. Kan nochn beten liden. Plums lag ein Pferd im Graben, wenn der Halfter nicht gerissen wäre, wäre noch einer mehr hineingefallen. Not schascht

---

32 Nicolaus Ruhser schreibt diese Lebenserinnerungen also im Jahre 1920, siehe auch S. 16.

33 Rute – altes Längenmaß. Vgl. dazu: Klaus-Joachim Lorenzen-Schmidt: Kleines Lexikon alter schleswig-holsteiner Gewichte, Maße und Währungseinheiten, Neumünster 1990.

du Satan wat ob de Kiep hem! Ich eins, zwei, drei über die Pferde und den Graben und nahm Reis aus nach Haus. Er fluchte noch ich sollte da bleiben, ich machte das ich fort kam. So rief er mir denn nach ich sollte die beiden Tagelöhner Johann Dammann und Max Mangels bescheid sagen. Was ich denn auch ja that. Sagte was Vorgefallen war und wollte nicht wieder mit. Sie überredeten mich doch und kamen denn an Ort und Stelle an. So wollte er sich denn ja gleich an mich vergreifen, aber die beiden Tagelöhner griffen Beide ihn an und er mußte aussagen ob er mich nicht anrühren würde. Sonst gingen wir alle 3 wieder davon und er könnte sehen, wie er mit seinen Pferden würde. Denn nicht der Junge sondern er hätte ein Fell voll verdient für den Vorfall. Also ward das Pferd wieder aus dem Graben geschlept und die Tagelöhner nahmen es mit zu Haus. Da wurden denn die Pferde so vorgespannt wie es sich gehörte. Nun der Knecht hat sich auch mit keinem Wort sich darüber ausgelassen. Der Knecht hieß Klaus Schlüter, war der Bruder von Klüvers Knecht und Peter Schlüter in Krempe alles Fuhrleute. Klaus Schlüter war nachher in Glückstadt hat vor zwei Jahre seine Goldene Hochzeit gefeiert. Einmal war ich daselbst bald verunglückt. So war ich auf dem Boden, und mußte Wiesenheu abwerfen für das Rindvieh. So hatte ich glücklicher weiße schon einige Forken von herunter geworfen. Da das Heu unten auf den Boden ja sehr fest ist, stag ich mit der Forke hinein, sie schnapte aber aus und ich fiel Rückwerts aus der Bodenlucke herunter aufs Heu auf der Diele. Glück muß der Mensch haben. Auch wurden daselbst noch allerhand Narrheiten getrieben. So sollte ich auch einmal wie ich mit einem Pflugschaar zur Schmiede war, für 2 Schilling braunen und blauen Schladarob mitbringen, bekam ja Geld mit. Darüber habe ich sehr über nachgegrübelt, was das wohl wäre. Ob es Hammerschlag wäre was da beim Ambos herumlag. Also ich ließ erst mein Pflugschaar schärfen, nam mein Pflugschaar und sagte dan, ich sollte für 2 Schilling Schladarop mitbringen. Ja sagte der Geselle, ging hinten zur Thür hinaus und schnitt von den Weiden einen Stock. Der Meister lachte, da wußte ich Besheid. Wie er hinten zur Thür herein kam ich Vorne hinaus auf die Cchausee. Wieder Glück. Also gut wegekommen. Hast du Schladerop mitgebracht. Nun! De weer all, Morgen ist welchen da. Den andern Morgen mußte Hobs hin mit dem Pflugschaar und den bestellten braunen und blauen Schladarop mitbringen. Nun er brachte

den Schladarop mit aber keinen Pflugschaar. So sollte ich den Pflugschaar holen. Das wollte ich aber nicht. So mußte der Knecht selbst hin
und ihn holen. Aber das schlimste für den Knecht war, er wollte nach
dem Gendarm und es anmelden. Der Geselle hatte ihn auch recht derbe
zugerichtet. So haben Schlüter und der Geselle ihn jeder einen Thaler
Schmerzengeld gezahlt, damit es nicht weiter Polizeilich verfolgt ward.
So hatte ich daselbst im Sommer noch ein Vergnügen. Wie wir Torf
holten von Westerhorn. Wie wir unsere beiden Wagen voll haben. Will
der Knecht, da daselbst auf dem Moor so schlechte Wege sind, mit seinem gespann so 100 Meter voraus fahren. Aber wie gewöhnlich sind die
Marschpferde ängstlich auf dem Moor dieweil es ihnen zu weich ist unter den Füßen. Wie er eine Strecke voraus ist, wollen meine auch ja mit
und gehen mit mir ab. Aber da es so weich ist wird mein Reitpferd immer heftiger mit den Füßen, stecken und trampeln, daß es nieder fällt
und ich herunter und purzele zum Graben hinein. Es rappelt sich aber
hoch und kommt glücklich bei dem Knecht auf festen Boden an. Ich
war leider bis über die Ohren mit Moor bedeckt. In Westerhorn bei den
Torfbauern angelangt. So wird erst gefüttert und wir bekamen denn
auch gebratne Buchweizen Klöße. So hatte der Bauer Pingel auch so
zwei Jungen wie ich von Größe. Also alles ausgezogen und frisches Zeug
an. Den andern Tag kamen wir wieder und wieder umgewechselt, fertig
waren wir. Das waren denn 2 herlige Sommer die ich auf Steinburg
diente für mich. Die nun nächst folgenden 4 Jahre war ich bei der Ww.
Struve in Elskop wo jetzt der Tochter Sohn Johannes Becker[34] wohnt.
Daselbst gab es denn nicht so viel Streiche auszuführen als auf Steinburg
weil ich hier nahe zu Haus war. Also den ganzen lieben Sommer beim
Bauern zumal bei der Ww. Greve auf Steinburg war es doch eigentlich
schön. Es gab daselbst auch sehr schmackhaftes Essen. Wenn wir Sonntags fischten, dan gabs den andern Tag gebratne Fische. Aber einmal
fingen wir in der alten Aue in den Hohenfelder Wiesen, einen großen
Hecht von 8 Pfund, den wollte sie aber nicht Braten und auch nicht kochen. Der war ihr zu groß, der hatte wie sie sagte schon zuviel Ratten
und Mäuse gefressen und dafür hatte sie so einen Ekel. Hätten wir Heut
zu Tage wie ich dies schreibe, alle Woche so ein Raubtier zu vertilgen,

---

34 *Elskop, Dorfstr. 6 (Gravert Nr. 93). Es ist aber nicht Johannes, sondern Her-
    mann Becker.*

wie würden wir den verputzen in unserer Familie von 11 Köpfen im jetzigen Jahre 1920. Ich verkaufte den Hecht an den damaliegen Dr. med. Koch welcher auf Steinburg wohnte für 8 Schillinge 60 Pfennig nach unserm Gelde. Ein solcher Hecht würde jetz wenigstens mit 20 Mark werden. Frau Dr. war er auch zu groß, aber der Dr. sagte Mutter den muß du ob suhr kocken. Das ist auch der gröste Fisch den ich jemals gefangen habe. Nun scheide ich von Steinburg und trete wieder in die Schule. Da ich denn den Lehrer den ganzen Sommer nicht zu Gesicht bekommen hatte und mir sehr viele Untugenden angewöhnt hatte ich dazu im Sommer bei meiner Anwesenheit auch mit 2 von meinen Schulkameraden Joh. Suhr und Jacob Heins den Erdbeeren des Pastors Spliedt uns über her gemacht hatten. Ich denn keine Abbitte gethan hatte, so wurde ich denn eine ganze Banck herunter gesetz. Ich habe denn von meinem Vater eine derbe Züchtigung erhalten, welche noch in meiner Erinnerung ist. Die einzige welche ich mich jemals erinnere Zeit meiner Schulzeit. –

So trat ich denn am Sonntage nach St. Peter[35] meinen Dienst 1863 bei der Ww. Struve an. Wie schon gesagt da wurden die tollen Streiche denn auch ja weniger. Daselbst war denn ja ein alter Bauknecht mit Namen Hinr. Wulf und die ander Leute waren auch schon 15 u. 20 Jahre auf dem Hofe anwesend. Der Knecht war seit 1836 anwesend. Da der Bauer schon 1854[36] gestorben war, so führte er das Regiment als wenn er selbst der Bauer war. Der Knecht war ein strenger Gebieter und gewissenhafter Mann in der Landwirtschaft den sich viele junge Bauern zum Muster nahmen. Also viel loße Streiche für uns Jungen nicht erlaubt. Aber sonst wars da gut bei der alten Frau, da konnte sich Keiner beklagen. So war der Knecht auch immer voraus mit den Arbeiten in der Wirtschaft und niemals im Rückstand, wie es sonst Vielen in der Wirtschaft vorkommt. Wie im Frühling das Wetter nur es einiger Maaßen es erlaubte, Pferde raus und vor den Pflug heraus auf den Acker. Dan hieß es bei den andern Bauern, Wulf ist schon da, dan müßen auch wir daran. Er war gewöhnlich immer der Erste, kam deshalb auch selten zu spät und zu kurz.

---

35 *22. Februar.*

36 *Nach Gravert starb Claus Struve im Jahr 1852.*

Nun der Hof war auch 50 Morgen[37] groß und hatte deshalb immer einige Morgen mehr zu bestellen, die nur 30 bis 40 Morgen hatten. Wir hatten denn auch gewöhnlich ein Paar Pferde mehr. Gewöhnlich hatten wir 9 Ziepferde, wenn es da nach paste einen Pflug und Egge im Gang. Das schafte denn ja auch. So weiß ich denn diesen Sommer mir nicht außergewöhnliches zu besinnen, als das es ein gutes Kornjahr war. Im Herbste beging ich denn die letzte Schulzeit wurde im Frühjahr am Sonntag nach St. Peter konfirmiert. Doch vorher im November, starb der dänische welcher auch zugleich unser Herzog war Friederich der Siebente. Aber mit dem Ableben des Königs erlosch auch die männliche Linie der Erbfolge in den Herzogthümer. So stimmten die Dänen für den Glücksburger, Christian den 9ten und die Herzogtümer für Friedrich von Augustenburg. Das mußte nun erst mit Blut unterschrieben werden, wer eigendlich Herr in den Herzogthümer sein sollte. Da Holstein im Deutschen Bunde war, kamen auch schon zu Weihnachten Deutsche Bundes Truppen zur Besetzung anmaschiert. Hannoveraner und Sachsen zuerst. Dan kamen da keine Einigkeit zustande kam am 1. Febr. Preußen und Oestreicher und der Krieg ging los. Wieder mußte Schleswig wie 1848 bis 50 den Kriegslärm übernehmen. Na gegen den Backofen kan keiner jappen und so mußte Hannemann[38] bald Schleswig räumen. Im Juni war der Krieg vorbei. Aber jetzt war wieder die Frage, wer soll eigendlich Herr in den Herzogthümer sein? Da die Holsteinischen aktieven Soldaten vor dem Kriege ausgeliefert worden, so hat sich keiner wer nicht freiwillig ging, keiner zur Befreiung von der Dänischen Herrschaft dazu beigetragen. Blos die Schleswiger welche anstatt gegen die Dänen mit den Dänen gegen die Deutschen fogten. So besetzten denn die Preußen Schleswig und die Oestreicher Holstein 2 Jahre lang. Da wurden die Beiden sich Uneinig und der Bruderkrieg ging los. Deutsche gegen Deutsche. Wieder mit Blut unterschreiben wer der richtige Herr sein sollte. So ging im Juni der Deutsche Bruderkrieg los, wo Preußen Sieger blieb. So wurden wir denn zu Weihnachten 1866

---

37 *Krempermarsch: 1 Morgen = 10310,4 m². Vgl. dazu: Lorenzen-Schmidt: Kleines Lexikon alter schleswig-holsteinischer Gewichte, Neumünster 1990.*

38 *Spottname für Däne.*

Alte Frau beim Wasserholen um 1900. Detlefsen-Museum Glückstadt, Fritz Lau-Vermächtnis.

von Preußen anektiert.[39] Ein schönes Weihnachts Geschenk. Unser Herzog bekam wohl etwas Schweigegeld und seine Tochter wurde noch ne Kaiserin von Deutschland. Damit hatte Alret ein Ende. Also wieder zurück wie ich zur Konfirmanden Stunde ging, bei dem Diakonus Schröder. Er hat dort gewohnt wo jetz zur Zeit der Tischler Johs. Bremer wohnt. Da wir zu damaliger Zeit noch keine Klinker Cchauseen hatten. So ging damals der Fußsteig von Süderau nach Krempe längs dem Hause auf der östlichen Seite des Hauses nach der Aue über nach dem Hofbesitzer Johannes Gravert[40] am Uebersteig. Da die Konfirmandenstube

39 Als Annexion wird in Schleswig-Holstein das Einverleiben der beiden Herzog-tümer Schleswig und Holstein als Provinz des Königreiches Preußen bezeichnet. Sie geschah am 17. Januar 1867 durch König Wilhelm I. (1797*/1861–1888†) durch sein „Patent wegen Besitznahme der Herzogtümer Holstein und Schles-wig".

40 Grevenkop, Audeich 3, (Gravert Nr. 855).

auf der Seite lag, gabs viel zu kicken wenn welche hin und zurück nach Krempe gingen. Dan kuckten sie ja Alle. Nicolaus aber am Meisten weil er so dicht am Fenster saß auf der hohen Stube. So maschirten denn auch ja oft Hannoversche Soldaten vorbei und die mußten doch bekuken werden, vor allen von mir. So sagte denn der Pastor auch einmal zu mir Nicolaus du wirst auch noch mal Soldat. Bin ich denn auch ja gewesen. So muß ich denn auch noch hinzufügen, da der Pastor ohne Kinder war aber doch den fremden Kinder samt seiner leidenden Frau sehr zugethan waren. So luden sie mehrere Kinder von bedürftigen Familien ein zum Heiligen Abend vor dem Christfest. Wir gehörten auch dazu. Zur Einweihung sangen wir dan Vom Himmel hoch da komm ich her. Dan gabs Kuchen und Nüße, wollene Tücher, Handschuhe und Mützen u. d. gln. Ich habe meinen Konfirmations Anzug auch von ihm erhalten. Er mußte nur etwas vom Schneider geändert werden. Bekam aber doch einen Schwarzlakenen Anzug. Was damals unter unseren Familien nicht viel vorkam. Ich mußte aber auch im Winter vor der Schulzeit die Wasser Waket[41] los eisen, sowie den Mist von 2 Kühen aus dem Stall kehren. So wurde ich denn am Sonntage nach St. Peter konfirmirt. Es ist dies denn ja der erste Abschnit im Leben, den der Mensch thut, wo die Zeit eintrat für sich selbst zu sorgen. Wenn man seine Eltern noch hat, so geht's noch. So gings denn nach der Konfirmation wieder zum Bauern in Arbeit. Was sollte ich sonst auch? Der Pastor hatte auch schon mehrfach gefragt, es wäre schade für mich nach dem Bauern zu gehen und mein Brodt dort zu verdienen. Ich müßte Lehrer werden, denn ich hätte die Anlagen dazu. Aber wo das Geld hernehmen dazu? Wenn er es nicht thäte und Veranlaste. Meine Eltern mit dem kargen Verdienst und die vielen Krankheiten der Mutter dazu, möchlig. Einige Leute rieten meinen Vater, er müßte mich nach Rens[42] in Hamburg gehen lassen, da ich so schlank und Gewand in allen Leibesübungen war, als Radlaufen, auf den Händen gehen und Kopfstehen war. Mein Vater gab ihnen jedoch zur Antwort: Da fielen Leute genug todt ohne mich. Also beim Bauern bleiben dan hatte man wenichstens etwas zu Essen. Dieser Sommer brachte denn auch eine gute Ernte, daß im Winter 4 Drescher ge-

41 Waak, Wake = „Loch im Eis" (Mensing: Schleswig-Holsteinisches Wörterbuch) hier: (Trink-)Wasserentnahmestelle.

42 Circus Renz in Hamburg.

nug zu thun hatten, dasselbe zu bewältigen. Ich und der Knecht Wulf futterten das Vieh, so waren wir denn ja ein halbes Dtz. Leute auf dem Hofe anwesend. Das Jahr 1865 darauf war denn ein ganz trockener Sommer, wo die Ernte denn sehr knap brachte an Korn und Stroh aber es war sehr sonst gut. Aber so wenig das 2 Drescher es bewältigen konnten. Im Herbste war es so trocken, daß das Gras, so zu sagen verbrante. Deshalb pflügten wir schon 6 bis 7 Morgen 2 Jährige Weide um zur Brache. Da waren so große Ritzen in dem Erdboden getrocknet, daß man an vielen Stellen den Arm hinein stecken konnte. So mußte man immer achtsam hinter dem Pfluge hergehen und sich fest halten, daß man sich nicht die Nase auf den Pflugschwanz kaput stieß wenn man hinterher stolperte. Da der Knecht schon alt und sonst auch nicht ganz kräftig mehr war, so überließ er mir den Pflug. Da der Erdboden so trocken war, und es schwer war ihn aufzubrechen mit dem Pflug, so mußten wir immer Ketten und Tauen vorrätig halten wenn etwas kaput ging. Dazu hatte ich ein 50 Pfundlot hinten im Pflug, damit er nicht immer hin und her schwankte. Das glaube ich ist auch zu anstrengend für mich gewesen, nach meinen Körperbau. Ich war überhaupt ja sehr klein obwohl ich nach meinen Körperbau, Kräfte genug besaß. Aber ich mußte ja ohne Ablösung hinter dem Pfluge hergehen denn mein 3 Jahre jüngerer Bruder konnte den schweren Pflug ja erst recht nicht bezwingen. So bekam ich denn allmählig Schmerzen in der rechten Körperseite haubtsächlich im rechten Bein und der rechte Arm wurde auch steifer in allen Gelenken. Ich habe dan 2 volle Jahre so zu sagen mit dem rechten Bein kurz getreten, und Schmerzen dazu. Die Schmerzen haben mich erst verlassen wie ich 25 Jahre alt war. Im Bein war ich im Jahre 1866 so steif das wenn ich mich bücken wollte um etwas von der Erde auf zu nehmen, als dan daß rechte Bein hinten ausstrecken mußte. Kam ich vom Pferd herunter und hielt mich nicht am Sielen des Pferdes fest, so sank ich zusammen. Ging ich zu Bett, so mußte ich gleich wie ein Ochse mich auf den Knien und Ellbogen stützen um mich nieder zu legen. Stand ich auf so mußte ich mich erst auf den Bauch wälzen und dan gleich als ein Ochse wieder aufstehen. Also keinen schönen Aufstand des Morgens. War ich damals mit 17 Jahren schon mit dem pflügen betraut, so mußte ich jetzt bis zu meinem 20 Lebenjahre als Großjunge arbeiten. Was mir denn auch weniger Lohn einbrachte. Also ritlings auf dem Pferde war mir schmerzhaft, so mußte ich denn den Quersitz einnemen wie die Damen denn ja gewöhnlich reiten. Dan hat man denn ja die Zügel in der linken Hand und die Peitsche in der Rechte, so kann man nach vorn und auch nach hinten sehen, wie es mit dem Pfluge geht. Was denn ein guter Treiber alles zu beobachten hat. Gut das ich bei Mutter Struve war, wäre ich anders wo gewesen hätten sie mich wohl abgeschoben. Ich war sonst stets gut zu Wege guten Appetiet hatte ich auch. So wie Lebens froh und keine Trübsal wurde geblasen. Meine Schmerzen behielt ich für mich. Aber all die kurzen Sprünge als Turnen und Klettern Radlaufen und der gleichen das hatte auf einmal ein jähes Ende genommen. So ist denn jetzt auch noch wie ich dies schreibe alles etwas steif hauptsächlig der rechte Arm, sonst würde ich die Schrift noch besser ausführen. Zu lesen ist sie ja, daß genügt denn ja auch. So konnte ich die rechte Hand bei Radlaufen und auf den Händen gehen, nicht mehr Plat auf den Erdboden setzen, was ich bis hierher auch noch nicht wieder gekonnt habe. Dies hat mir beim Militär sehr im Turnen und Springen sehr gehindert. Obgleich ich denoch einst der Besten in der Comp. war. Also zurück im Jahre 66 wie der Krieg zu Ende war. Wie wir beim Weizen mähen waren, kam die schreckliche Nachtricht, daß von 6 auf den 7 Aug. Timm Tode einen 8fachen Mord begangen hatte an seine Eltern, Geschwister und dem Dienstmädgen. In Groß Kampen an der Stör ist geschehen groß Malör!– Der Mörder wurde im nächsten Jahr im Mai in Glückstadt hingerichtet.[43] Bei all meinen Schmerzen wurde ich denn auch etwas kräftiger und mänlicher und auch wiederspenstieger gegen den Knecht wenn er etwas zu quasseln hatte. So hatten wir gewöhnlich im Frühjahr 3 Zuchtsäue mit Ferkeln. Wo es da noch Sitte war wenn es die Zeit erlaubte 8 Tage lang die Ferkel gehütet wurden, damit ihnen etwa kein Leides gescha. Nun hatten wir auch eine böse Sau, die uns und auch die Ferkel biß. Wenn die Sau die Ferkel säugen sollte, so thaten wir sie erst einen Maulkorb an und setzten dan die kleinen an die Brust zu säugen. Es waren 6 Stück davon. 4 Ferkel nahm ich und der alte 70Jährige Tagelöhner Max Grimm nahm 2 zu faßen bei den Hinterbeinen. So wollte es das Unglück, daß die Sau plötzlich aufsprang, und ich in der Eile mit dem einen Ferkel an den Korb stieß und fallen ließ. Die

---

43 *Timm Thode wurde am 13. Mai 1868 im Hof des Zuchthauses in Glückstadt mit dem Beil hingerichtet.*

Sau denn gleich hinterher und drückte dasselbe in einer Ecke denselben die Gedärme aus dem Leibe und mit dem Tode endete. Darüber wurde der Knecht Wulf so über erbost und quarkig, daß mir auch die Galle überlief, und ihn zu Leibe ging, daß er in die Häckselkammer flüchtete. Wenn in dem Augenblick nicht die andern Leute anwesend gewesen wären, hätte ich ihn sicherlich den Schädel eingeschlagen. Ich wollte deshalb auch sovort meinen Dienst verlassen. Aber alle besänftigten mich mit samt Mutter Struve selbst mich soweit, daß ich davon abstandt. Dem alten Knecht Wulf war jedoch der Schrecken so in die Glieder gefahren, von meinem Aufstand, daß er lange Zeit mir aus dem Wege ging wenn mich sollte allein treffen. So ging ich denn im Herbst 1866 aus dem Dienst, sonst wäre ich wohl noch mehrere Jahre dort geblieben, wenn dies nicht vorgefallen wäre. So kam ich denn in Dienst bei dem Schwiegersohn der Ww. Struve, Paul Beker in Grevenkop[44], zu füttern des Viehs. Das war denn auch eine gute Dienststell für mich. Der Bauer hatte eben so viel Krainschiet als ich. Um denn auch einige Schelmenstücke zu schildern will ich auch hier einige zum Besten geben. Da der Bauer auch die Jagd ausübte, so hielt er sich einen Jagdhund (Hündin). Um reine Rasse zu bekommen, war es meine Aufgabe, wenn die Zeit des Reulens[45] kam, wie man die Periode der Liebschaft nennt bei den Hunden. Die Hündin wurde denn während der Periode auf der Diele angebunden. So triep ich denn alle diejenigen Liebhaber mit der Peitsche davon, welche ich dazu nicht für geeignet hielt. Als Pinscher, Mopse und Dackel. So kamen denn ja alle welche Liebschaft mit der Hündin anbandeln wollten, dreist zur Thür herein spatziert. Man kann dan auch jeden bißigen Hund bei der Gelegenheit anfassen. Also kam ich denn, von dem Bauern dazu angeleitet dazu einen von den Ausrangschirten zu Schakeln[46], und das wird so gemacht. Damals war es noch üblich, wenn ein Pferd ein Springer oder wenn mehrere Pferde wegen Laufen auf der Weide waren, so bekamen sie einen Holzklotz am Vorderfuß.

---

44 *Paul Becker, Grevenkop Hauptstr. 1 (Gravert Nr. 847).*

45 *Reuln = „von der Brunst der Hunde und Katzen" (siehe Mensing: Schleswig-Holsteinisches Wörterbuch).*

46 *Schackel, Schakel = „Holzklotz, der mittels eines eisernen oder hölzernen Bügels scheuen oder unbändigen Pferden auf der Weide an den Fuß gelegt wird" (Mensing: Schleswig-Holsteinisches Wörterbuch).*

Jetz ist es aber nicht mehr Sitte und Gebrauch. Da das Pferd einen schlechten Gang dadurch bekommt. Also diesen Klotz sägte ich durch und durch das Loch wo sonst der Bügel zur befestigung des Schakels, stekte ich den Schwanz des Hundes, nahm einen Holzkeil und schob ihn ins Loch damit der Schwanz fest saß, und ließ ihn als dan laufen. Befreien konte der Hund sich von selbst nicht ohne Schmerz. So habe ich auch nur einmal Brauch davon gemacht. Der Hund gehörte dem Rentner Johann Möller auf dem Grevenkoper Riep. Er war früher Bauer gewesen auf dem Hofe wo jetz Jacob Bült wohnt in Grevenkop[47]. Sonntags Morgens ging ich denn mit meinem Kolegen ein Jahr älter wie ich Hinrich Wulf aus Brande welcher Drescher war bei uns nach Krempe zum Menschenmarkt. Der Markt ist jetzt aufgehoben. So paste uns der Rentner Möller schon auf, wie wir des Wegs daher kamen und wollte mich bei den Gliedern. Aber Wulf sagte: Vat uns hier nicht an ob de Straat sons belewts die waat. So kam ich den ja durch. Aber er schimpfte doch höllisch, denn der Hund hatte ihn bei der Erlösung von dem Schackel, dabei in die Hand gebissen. Das war denn auch ja leider schlimm genug für meinen Streich von mir. Dan noch ein Stückgen mehr. In Krempe war damals ein Schlachter Johannes Klein. Welcher auch ein Erzschelm und Lügner erster Klasse war. Da er bei meinem Bauern auch ein Rind schlachtete so mußte ich ihn dabei Hilfe leisten. Ich und der Bauer waren uns denn auch ja einig wenn wir den Schlachter einen Poßen reißen konnten es zu thun. So hatten wir dem Rind denn die Haut abgezogen und lag auf der Diele ausgebreitet, um sie zusammen zu schlagen und aufzurollen. Aber Halt! Erst muß sie noch ausgetreten werden riet der Schlachter. Nun wie wird das gemacht. Der Schlachter grief mir bei der Hand, ich mit meinen Holzpantoffeln darauf und das Petten ging los. Da ich ihn fest hielt kamen wir Beide zu Fall auf der glatten Haut und hatte mich bald darüber mit dem Messer gestochen. So konnte ich denn über den Schreck die Beine so schnell wieder hoch kriegen, daß ich die Haut überschlagen konnte, wie er es mir sonst gegenüber gethan hätte. Was denn ja eigendlich der Zweck des Austreten der Haut war. Der Bauer fiel denn in einen gehörigen Lachkrampf wir desgleichen. Also daraus war nichts geworden. So ging es denn zu Weihnachten wieder los, beim Schweine schlachten. Wie die

---

47 *Jakob Büldt, Grevenkop, Hauptstr. 7 (Gravert Nr. 843).*

Schweine denn abgebrütet[48] waren und am Balken hingen, gings denn ja ans ausweiden der Gedärme. So haben denn Säue ja ein Ferkelhaus[49] bei sich, welches nicht verwertet wird. Die schnitt er denn aus und warf sie mir zu, mit dem Bemerken, daß wären die Pansen die müßte ich sauber abwaschen und aufhängen damit nicht Hunde und Katzen sie wegschlepten. Ich nahm denn die Ferkelhäuser und wusch sie bei der Schwemme und zeigte sie ihm Obs gut so wäre? Ja! Ich damit hinaus während der Bauer schon aus der Küchenthür nach außen kam und mir mehrere Zeitungen brachte zur Verpackung der Pansen. Also fein eingewickelt und im Stuhl des Wagen des Schlachters eingepackt. Fertig! Kihm kihm sagte der Bauer schon und voll Wonne als er mir die Ferkelhäuser zuwarf, jetz aber nach der Verpackung konnte er sich denn vor Lachen halten. Es dauerte eine ganze Zeit bis er sich auf der Diele sehen ließ. Nun wie der Schlachter fertig war ging er zur Stube und erhielt seinen Lohn. Ich kriegte denn den Gaul des Schlachters her und spante schon an und fuhr vor nach Küchenthür. Wie er denn heraus kam gab er mir 2 Schillinge 15 Pf. Trinkgeld. Stieg auf den Wagen und brummte ab nach Krempe mit seinen Pansen. Paar Tage danach kam er angefahren. Ich nach der Cchausee und erkundigte mich, ob er seine Pansen schon zu Geld gemacht hätte. Ging aber Vorsichtshalber nicht so nahe ran, daß er mit der Peitsche mich reigen konnte sonst hätte er mich sicher ein Hieb versetz. Dan hielt er einmal recht lange Vorne am Hause, ich war beim Rüben abschrapen an der Seite des Hauses. Wie ich wußte war er mit dem Bauern im Stall und besahen das Rindvieh. Ich schleunigs einen Strang her und band ihm das hintere Wagenrad an der anderen Seite fest. Wie es denn so Sitte bei ihm war, sobald er den letzten Fuß auf den Wagen hatte, so ging der Gaul auch schon los ehe er sich nieder setzte. Aber Rutsch! Der Gaul stand still und kuckte sich um. Meister Klein suchte ein Messer hervor und schnitt das Hinderniß durch und brummte der verdamte Junge und empfal sich. Ich kuckte um die Ecke, die Drescher aus den Dielfenstern und Bauer an der Straße und lachten herzhaft. Mir drohte er jedog noch mit der Peitsche. Ich bin ihm deshalb immer auf Peitschenlänge aus dem Wege gegangen. Er hätte auch sicherlich zugeschlagen. So leicht vergeslich war er nicht. So

---

48 *abgebrüht.*
49 *Gebärmutter.*

haben Wulf und ich am Silvesterabend noch die Hebamme aus Krempe geholt. So bekam der Bauer zu Neujahr 1867 die neste Tochter das 4te Kind. Dieselbe ist mit dem Kaufmann Detlefsen verheiratet in Krempe neben der Apotheke. So lief der Winter denn ohne weitere Annekdoten dahin. Der Bauer wollte mich sonst auch gerne behalten, ich mochte da sonst auch gerne sein und wenn ich es alles vorher gewußt hätte, wäre ich daselbst geblieben. Also wie ich denn St. Peter abging, hatte in Grönland in der Nacht von 21 auf den 22 Febr. Andreas Hachmann beim gemeinschaftlichen Reckenstehlen den Arbeiter Krahn erschlagen. Hachmann stellte sich aber am andern Tage freiwillig der Polizei. Er bekam Lebenlänglich Zuchthausstrafe. Er starb jedoch nach 2 Jahren. Also hatte ich meinen Dienst bei Becker beendigt. Da ich noch immer an Reumatiesmus litt, so hatte ich mich entschloßen gänzlich mich vom Bauern zu entfernen, um leichtere Arbeiten zu verichten. So trat ich denn am 1 März einen Dienst als Hausknecht an, auf Hohenfelde bei Hamburg. Der Herr hieß Joh. Hinrich Wagner. Derselbe war vor seiner Verheiratung mit 40 Jahren, Mauerhandlanger gewesen. So hatte er sich durch Sparsamkeit so emporgehoben, daß er jetzt seit 15 Jahren 70 Arbeiter und 7 Pferde mit Wagen beschäftigtete. Er nahm allerlei Erdarbeiten an, als Grund und Keller auszuheben Sand und Steine fahren. Dazu auch Schutenführer auf der Elbe, welche Sand fuhren. Da der Elbsand sich besser eignet als der Landsand zum Mörtel für die Mauerleute. 26 Mann alle unverheiratet hatte er selbst in Schlaflogie. Einige waren schon 15 Jahre bei ihm in Arbeit. Diese Leute waren jedoch ohne Kost. Blos Morgens u. Abens bekamen sie eine Kumme ½ Liter Kaffe wo sie sich ihre Mahlzeit mit herunter spülten. Mittags gingen sie ins Speisehaus was am nächsten bei ihrer Arbeitsstelle war. Also hatte er auch eine kleine Schenke und Kümmel und Bier zum Verkauf. So mußte ich denn auch ja oft einen lütjen Köhm und Beer einschenken nach Hamburger Mode. Morgens nahmen denn die Meisten für 15 oder 20 Pf. Köhm mit auf die Arbeit. Auf der Diele gabs denn einen großen Kümmel doch ohne Bier für 1 Groschen. So hatte ich Morgens schon immer noch zu zapfen, ehe sie alle an die Arbeit waren. Dan wurde die Schenkstube ausgefegt, abgestäubt, Tische gebonert, der Fußboden mit frischen weißen Sand bestreut. Des Morgens gabs nur wenig zu Essen, wie es denn sonst beim Bauern gewohnt war. 2 Rundstücke und 4 kleine Stücken

Schwarzbrodt. Früstück dasselbe mit Käse darauf was aber an Cubickin-
halt zu wünschen übrig blieb. Das Mittagmahl war jedog gut und hin-
reigend. Das Mädchen hieß Catarina Ehrich und stammte vom alten
Deich. Also Hunger wehr dich. So ging ich denn eigenmächtig nach
dem Küchenschrank und schnitt mir einen Happen ab und vertilgte ihn.
Das Mädchen sagte freilich laß das, die Frau hat sich das gemerkt, aber
Hunger treibts hinein. Sonst gefiel es mir daselbst, die Arbeit konnte ich
ja schaffen. Denn Kartoffelschälen, Messer und Gabel putzen sowie Glä-
ser waschen und Bier abzapfen ist ja keine schwere Arbeit. Aber wie ich
sonst gewohnt war vom Bauer oder Knecht zum Befehl meine Arbeit zu
verrichten stand ich jetzt unter dem Befehl von Frauensleuten was nicht
ohne Schimpfen und Knurren abging. Dazu konnte ich mich denn recht
gar nicht zu bequemen sondern Wiedersprach oft. So legte die Madam
wie die Herrscherin damals noch tituliert wurde, hier und dort an Orten Geld hin, wo es nicht hingehört, was mir nicht belibte. Stellte deshalb auch das Mädchen darüber zur Rede, welche mir aber Auskunft
verweigerte. Nun ich würde es wohl noch erfahren. Der Herr war ein
prächtiger gemütlicher Mensch, mit dem konnte man leicht auskommen. Aber die Madam war eine kleine Herrschsüchtige Person, deshalb
waren wir auch nicht immer auf einem Stück waren. Ich war ja auch ein
dummer Bauernjunge ihr gegenüber, ich war ja vom Lande. Da hatte sie
sich aber geirt, was ich für Recht hielt, da bestand ich auch darauf und
ließ mich nicht weißmachen. So hatte sie auch einmal 4 Zweischilling-
stücke abseits gelegt. Halt dagt ich jetzt solls sie mal anführen, nahm ein
8 Schillingstück aus der Tonbank und legte es dahin, nahm die 4 Zwei-
schillingstücke weg und that sie in die Tonbank zurück. Es dauerte denn
auch nicht lange bis sie es gewahr wurde. Da ging der Krach los. Wer
das Geld da weggenommen habe? Ich! War die Antwort, ich Madam
habe das Geld weggenommen. Herje wie ward die kleine Madam roth
vor Zorn. So wollte sie ja ordentlich auffahren und drohte mir auch
noch von Wagen des Weißbrodt, daß ich abgeschnitten hatte mit der
Polizei. Da hatte sie sich aber verrechnet mit der ihr gegenüber
stand. Was sagte ich: Sie drohen mir mit der Polizei, sie wollen mich als
einen Dieb betrachten? Da sind sie aber auf dem Holzwege. Holen sie
die Polizei, oder soll ich sie holen, dan kann es gleich abgemacht werden
wer die schlechteste Person von uns Beiden ist, ich oder Du? Ich wurde

bei dem Wortwechsel auch hitzig und balte schon die Faust. Und prustete gegen sie an. Ich sagte sie wäre eine ganz schlechte Person, indem sie ihre Dienstboten zum Diebstahl verleiten wollte. Was es bei mir nicht geglückt hätte, denn wüßte das Mein und Dein zu unterscheiden. Sie war wärend dessen so weiß wie eine Leiche geworden und stand gleich einer Bildsäule da. Ich hätte von Ihnen doch gedagt daß sie den Vers wüßte. Gelegenheit macht Liebe und Gelegenheit macht Diebe. – So sagte ich noch sie könnte mir meinen Lohn nur auszahlen, dan würde ich schon Heimwärts gehen. Denn bei solchen Leuten wie sie gefiel es mir nicht länger in Dienst zu bleiben. Da machte sie Kehrt und lief stracks nach Oben. Als der Herr des Abends zu Hause kam, trug ich ihn denn mein Anliegen vor. Der wollte mich doch lieber behalten, da sonst doch Alles seinen guten Gang bisher gegangen hätte. Madam ihr Bruder welcher daselbst als Schreiber thätig war, wollte denn seine Schwester noch in Schutz nehmen mir gegenüber. Ich sagte ich hätte auf diese Weise garnichts mit ihm zu thun, wenn er sonst auch mein Vorgesetzter war. Ich mußte sonst Sonnabend wenn Lohnauszahlung war, daß Geld für jeden zurechtzählen. Dan saß ich in der Mitte, der Schreiber links und der Herr rechts von mir zur Seite. So schob mir der Schreiber den Lohnzettel hin, ich zählte das Geld und schob dan Beides den Herrn hin welcher es den Betreffenden übergab. Dan machte der Herr auch manchmal allerlei Nebenbemerkungen, wenn einer nur wenig in Ackort u.d.gl. verdient hatte, oder sich sonst hatte etwas zu Schulden kommen lassen. Denn das Geld wurde mit Freuden ausgezahlt. Je mehr einer verdient hatte, desto größeres Lob hatte er zu erwarten. Wer am wenigsten verdient hatte bekam die meisten Tadel, vor allen wenn es ein Unverheirateter war. Denn wenn der Mann tügtig etwas verdient hatte, so hatte er auch für den Herrn geschaft. Wie ich noch erwänen möchte, war die kleine Madam eine geb. Tammling aus Glückstadt. So schied ich denn nach dem Vorfall am nächsten Morgen aus dem Dienst der kleinen Madam. Ich sollte aber nicht selbst aufs Stadthaus und meine Papiere holen, sie wollten sie mir nachschicken. Madam war bange ich würde sonst noch etwas ausplaudern. Nun war etwas schlechtes winterliches Wetter, um frische Arbeit zu bekommen. Freund und Verwandschaft hatte ich nicht und auch nicht viel Geld im Besitz. So schied ich denn von Hamburg und kam in Süderau wieder an. Bekam hier denn auch gleich Arbeit, bei dem Hofbesitzer Heinrich Schmidt in Sommerland[50]. Bargschoster wurde er viel genannt. Ich vermietete mich denn wieder als Großjunge bei Pferd und Pflug. Da meine Schmerzen noch immer nicht nachließen, so war ich am besten aufgehoben, wenn ich zu Pferde saß. Nun mochte da sonst auch sein, was die Behandlung und die Arbeit anbelangte. Aber mit dem Essen haperte es sehr, was den Geschmack anbetraf. Vor allen das Mittagessen, daß schmeckte nicht nach ehm und nicht nach eehr. Die Klöße waren so hart, die konnte man an die Wand werfen ohne eine Beule zu bekommen und die Pfankuchen so zähe (Taag) daß man sie auf einen Nagel hängen konnte, ohne herunter zu fallen. Sonst war der Speck und das Rauchfleisch gut und so wurde den Morgens und Abends es so viel mehr verzehrt, weil es des Mittags nur einen Tag um den Andern etwas dazu gab. Verhungern that man deshalb ja nicht. So hatte ich denn zu hören bekommen, für meinen Reumatismuß wäre es gut, daß man einen Hund als Schlafkameraden hätte. Also gesagt gethan. Wir hatten daselbst einen kleinen langhaarigen Pinscher mit Namen Betzie. Da ich mein Bett allein inne hatte, nahm ich ihn denn zu mir ins Bett und platzierte ihn an meiner rechten Seite und Bein. Das gefiel dem Hund auch das Bett mit mir zu theilen. Also nach wenigen Wochen spürte ich es schon, meine Schmerzen ließen nach und ich wurde schlanker zu Fuß. So konnte ich denn bald wieder auf den Tanzboden gehen und mein Tanzbein schwingen, da der Tanz seit 2 Jahren von mir nicht mehr ausgeführt worden war. So konnte ich denn mich wieder mit der holden Weiblichkeit links und rechts herum drehen im Kreise. Ich muß hier noch etwas wieder zurück greifen in meiner Laufbahn des Lebens. In den Jahren wo ich noch 12 bis 14jährig war. Wenn dan bei dem damalichen Wirth und Bauer Jacob Früchnicht[51], wo jetzt Jacob Stange wohnt Krogabend war, dan kamen dessen 3 Stieftöchter oft abends bei uns vors Fenster, und fragten vor, ob ich nicht hinkommen konnte zum spielen. Nun nein wurde nicht gesagt. Also dan ging Nicolaus hin und das Spielen ging los in der kleinen Stube hinter der Küche. Die Hauptsache war jedoch das Tanzen. Wenn es dann oftmals gar zu laut wurde, so kam Mutter Früchtnicht und befahl

---

50 Sommerland, Kamerland 8, „Berghof" (Gravert Nr. 915).

51 Jakob Früchtenicht, Süderau, Doppelreihe 8, Gastwirtschaft „Kremper Marschhaus" (Gravert Nr. 860).

nicht zu laut werden. Alsdan wurde einfach auf den Strümpfen gegangen und gewaltz. Im Sommer gingen die 3 Mädel ja zur Tanzschule in der Wirthschaft von Schmalmaak auf der andern Seite der Kirche[52]. Wie es denn wohl schon immer gewesen ist, so auch hier. Wo der Herr sein Haus bauet da baut der Teufel seine Kapelle. Hier in Süderau sind auch 3 Kapellen nahe der Kirche. Also im Winter lernten die Mädel mir das Tanzen. Stellten mir die Beine zurecht beim schnell und langsamen Walzer, sowie bein Rusch mit Barabas. So hatten wir denn ja stets Berührung miteinander. So knutschten und küßten wir uns denn auch Gegenseitig ab. Wie es denn ja bei Tanzgelegenheiten vorkommt. Als ich die Schule dan verlassen hatte, konnte ich mich denn auch ja gleich auf den Tanzboden sehen lassen, da ich links und rechts im Tanzen eingeübt war. Was mir denn auch ja die holde Weiblichkeit gewärte. Eigentlich durfte man zu damaliger Zeit, eigentlich vor 18 Jahren nicht sehen lassen und sich schwischen den Tanzenden wagen. Denn wenn ein so kleiner Kerl wie ich den andern Männern vor die Füße kam, hieß es wat wult du hier? Bekam noch einen ins Genick dazu. Doch Nicolaus nahm es mit jedem auf wenns linksum ging, und ein Mädchen im Arm hatte, welche schon einiger Maßen die Fertigkeit in den Beinen hatte. Daher auch von allen Mädchen willkommen, wenn ich sie zum Tanz aufforderte. Bekam auch leicht eine ab um sie zu Haus zu begleiten, obgleich ich nur klein, und eben mit dem Arsch zum Stiefelschaft herauskuckte. So trug es mir denn ja auch Neid und Mißgunst ein, von den oft älteren Kameraden, auch endstand auch gar oft Eifersucht daraus. Ich sagte dan wenn du mehr Recht daran hast, dan geh du mit ich kriege wohl eine Andere. Da hatte ich gar keine Not mit, allein zu Haus zu tippeln. Um wieder auf den Hund zu kommen meinen Schlafkameraden. So wie meine Schmerzen weniger wurden, schien es das dieselben auf den Hund übergingen. Er war nicht mehr so vergnügt und lebhaft, wie er es sonst gewesen war. Darüber haben meine Arbeitskolegen auch gesprochen, also mußte es denn doch etwas Bewantiß damit haben mit mir und den Hund. Der Hund wurde auch immer unfreundlicher und mürrischer gegen seine Umgebung. So ich das Melken denn auch in meiner Schulzeit schon gelernt hatte, so half ich denn des Sonntags den Mädgen aus Liebe die Kühe melken. So mußte ich denn auch wie sie auf

---

52 *Görries Schmalmaack, Süderau, Kirchenstr. 13 (Gravert Nr. 862).*

die Weide gingen Altags wenn es die Zeit erlaubte melken. Da ich ja einmal mit der Weiblichkeit hielt und ihr denn auch stehts zur Hand ging, so mußte ich denn auch bald dieselben bei der Wäsche helfen. Die Waschmaschine schaukeln, was jedoch eine ganz strenge Arbeit war. Wenigstens bei Frau Schmidt denn die Wollte die Seife sparen. Aber mit den Mädgen einig, wenn sich Frau Schmidt entfernte, flugs eine Handvoll Schmirseife hinein gethan, ein Lidchen angestimmt und dan gings mal so leicht. Kam Frau Schmidt dan mal heraus und es schäumte ein wenig. Ruhser sie haben doch keine Seife zu gethan? Nein! Nun dan wars auch so gut. Die Mädgen kitzelten sich natürlich, ich aber auch, sang desto kräftiger als vorher. Die Mädgen stibitzten schon Tags vorher die Seife dazu so wurde auf diese Weise Frau Schmidt hintergangen. Natürlich gescha alles aus Lauter Liebe zu mir und dir, daß läßt sich doch dan thun. Ich muß noch bemerken daß ich die meiste Zeit, daß was 2 Mäher abmähten alleine aufband. Da 3 Mäher und wir nur 2 Jungens zum Garben binden waren. Da der andere noch kaum 13 Jahre alt war, konnte er es noch nicht schaffen, daß heißt für voll binden. Sie machten so große Garben das die 13jährigen noch nicht auf hocken konnte. So wurde es mir aufgebunden. So meinte der Herr Schmidt ich könnte wohl was 2 Mäher abmähten allein aufbinden. Nein das kann ich nicht! Ja doch sagte er, wenn ich täglich 1 Mark (12 Groschen) zu lege, kriegst du es wohl fertig. Nun ich bekam es auch fertig, aber der liebe Rücken hatte den Tag über dafür auszuhalten, immer gekrümt bei der Arbeit. Als denn alles unter Dach und Fach war, ging das Dreschen denn ja los. Er hatte nehmlich schon selbst eine eigne Dreschmachiene. Also 8 gute Pferde vorgespannt, ich als Treiber saß auf den Göbel und wartete meines Amtes die Pferde stehts so in Gang, daß die Maschiene so nur sang und brummte wies sich gehört in einem Tonn wog. So kam denn Herr Schmidt gewöhnlich alle halbe Stunde, durch das Göpelschauer gerannt um nachzusehen wies ging. Da er stehts den ganzen Tag Zigarren rauchte, und eben wieder durch kam, mit einer eben angebranten Zigarre, welche er vor Fenster legte, um etwa Unfall zu verhüten. Nicolaus geschwind vom Göpel herunter nach der Zigarre und rein in den Mund, dan schleunichts wieder auf meinen Platz und gedampft. Die Pferde jedoch in vollen Gang. Herr Schmidt kam bald zurück, Zigarre war weg, sah mich an und sagte, so müßen die Pferde gehen und verschwand. Ich

„Alte Mühle", Sommerland 82 (Gravert, Nr. 903). Foto: C. Boldt 2021.

dampfte denn ja weiter. Wenn man seine schuldige Arbeit that, so konnte man sich auch wie in diesem Falle, sich schon allerlei erlauben, wenn ihm der Kopf gut stand. Ich muß erwänen daß ich sonst nie ein ordentlicher Raucher gewesen bin. Seit 30 Jahren rauche ich garnicht mehr. Aber kauen das ist mein Ideal. So mußte ich auch wenn es die Zeit erlaubte Altäglich fischen. Aber wir bekamen selten welche zu schmecken. Dafür führte mir mein Weg gewöhnlich über Sietwende, wo ich einen Theil verkaufte und dafür eine Pulle Kümmel dafür zur Entschädigung mitbrachte für meine Kolegen. Das war denn der Schadenersatz, für die nicht gebratenen Fische. Eins muß ich noch hervorheben was ich erlebt habe. So fuhren wir denn mit 3 Gespannen nach Lutzhorn zum Torf holen. Morgens um 3 Uhr aufgestanden etwas gegessen und dan los. In Offenseet aßen wir denn zu Mittag wenn wir zurück kamen Buchweizen Pfankuchen in Speck gebraten, und die Pferde wurden auch dan gefüttert. Wir sind dreimal daselbst hingewesen. Wir holten den Torf von einen Namens Hans Hinrich Lose welcher schon 10 bis 12 Jahren bei Schmidt in der Ernte gewesen war. Wie wir nun auf dem Rückwege wahren und längs Bekenreihe kamen. Hilten wir still bei dem Vorknecht seinen Schwiegervater, wo des Knechts Frau war um mit ihr etwas zu verabreden. Als wir wieder los wollten wurde aber des Kleinknechts eine Pferd störrig und wollte nicht wieder anziehen, ging nicht von der Stelle. So fuhr denn der Vorknecht eine Strecke voraus, spante seine Pferde aus und kam mit Kette und Tau sammt seinen Pferden an. So legte er denn dem störigen Pferde die Kette um den Hals, das Tau daran befestigt und die Pferde vorgespant. So gings denn los erst warf sich das Pferd noch zurück, aber gegen 2 konnte es sich ja nicht wehren, und dan erhielt es ja auch von beiden Peitsche soviel Hiebe das es zuletz überall von Striemen bedekt war. Aber oh weh! Ich habe nie im Leben ein so jämmerliches Geschrei gehört wie das Pferd von sich gab, daß es einem durch alle Glieder fuhr. Das war einmal und nicht wieder. Wenn sie nachher auch noch mal mit muckisch wurde, konnte man blos ein ähnliches Kettengeräusch machen gleich hatte es andere Gedanken. Also auch ein brobates Mittel. Als wir zu Hause kamen stand der Herr Schmidt denn schon vor der Einfahrtür. Wurde es auch gleich gewahr mit dem Pferde und frug auch sovort, was wir mit der Freuk (so hieß das Pferd) vorgehatten hätten. Vor den Vorknecht Gert Schippmann hieß er hatte er Respekt. Der erzählte dan was vorgefallen war. Hat es denn geholfen? Ja! So ging er denn seines Weges. Da sonst Herr Schmidt vorher immer viel Prozes mit seinen Leuten gehabt hatte. So war er vor diesen aber bange. Derselbe ist auch 10 bis 12 Jahre dort gewesen. So kam ich denn als meine Dienzeit zu Michaelis abgelaufen war nach dem Müller Klaus Bielefeld[53] in Sommerland zum Vieh füttern. Mußte da wir damals noch keine Cchauseen hatten, öfters mit 2 Pferden Vorreiten, wenn der Fuhrmann Mehl und Schrot nach auswärts brachte. Da hatte ich denn gewöhnlich einen 4Jährigen Rotschimmel mit vor. Derselbe biß und schlug wenn man ihn nicht fortwärend im Auge hatte. Da kriegte er mich einmal beim Arsch zu faßen beim anspannen bei der Mühle und hielt fest, so das ich zwischen Himmel und Erde schwebte. Da nahm der Fuhrmann Johann Bremer hieß er. Er wohnte in dem Hause welches am nächsten nach Dückermühle zu liegt. Einen Besenstiel und schlug dem Gaul damit über die Nasenlöcher, daß er mich fallen ließ. Das Pferd hatte dem Knecht auch vor einiger Zeit 2 Zähne ausgeschlagen, deshalb war er auch so sehr erbost auf das Biest. Beim

---

53 *Claus Bielefeldt I, Sommerland 82, ehem. Wind- und Motormühle (Gravert Nr. 903).*

Krippen rein machen war deshalb Vorsicht geboten. Hatte man einen Stock dabei in der Hand so biß er darauf los wenn man ihn abwären wollte. Das habe ich ihn aber gründlich abgelehrt. Im Scheiger fand sich unter allerlei Eisen, eine Stange von 1 Meter Länge und 2 Ctm dicke im Quadrat, wie sie früher vor Kammerfenster wegen Diebesgefahr vorgesessen hatte. Das Ding also gut dazu. Also wie ich futtern wollte die Krippe los und die Stange hingehalten vor die Nase. Da biß der Gaul denn mit einer solchen Wut darauf los, daß es man so knackte. Flog im Moment auch gleich zurück und das die Kette rieß und er mit dem Arsch an die Hinterwand flog. Wie ich nachher im Stall kam, flog er noch an allen Gliedern und fraß nicht. Da war der Appetiet wohl bei vergangen. Ich machte ihn wieder fest aber ins Maul zu kucken getraute ich mich noch nicht, da es noch sehr blutig war. Nachdem hatte ich noch einmal einen Satz mit ihm. So hatte ich ihn und die andern Pferde getränkt. So schlug er mir den Eimer kaput, darüber erzürnt da er auch noch hintenaus schlug, holte ich einen derben Stock und reichte ihm da solange welche mit da er anfangs noch immer hinten ausschlug, bis ermattet niederfiel und sich nicht mehr rührte. Wo denn zuletz auch meine Kraft zu Ende war. So blieb ich denn ja Sieger. Dan bekam er die ersten Paar Tage garnichts zu saufen. Da fing er denn wie die andern getränkt wurden, daß Wiehern an. Ich setzte ihn eben aber nicht mehr vor, als eben nötig war. So wurde er denn auch etwas manirlicher. So mußte ich auch allerlei Arbeiten in der Mühle verrichten. Wenn 2 bis 300 Zentner Weizen verbraugt waren, so kaufte der Müller ein gleiches Quantum wieder zu und dasselbe über den nun noch Lagerten über geschüttet und wieder durchgeschaufelt und durchgemengt. Damit etwa immer gleichmäßiges Mehl erzeugt wurde. Auch wurde er durchgeschaufelt damit er nicht mietig und muffig ward. Gewöhnlich lagerten so 1000 bis 1200 Zentner daselbst. Dan mußte ich den Haufen von 50 bis 60 Cetm. Höhe von Grund auf umschaufeln um Schimmel vorzubeugen. So wurde denn wenn welcher gebraucht wurde von allen Kanten welcher genommen. Denn sonst wäre der letzte ja 10 Jahre liegen mußen ehe er daran kam. Im Sommer dieses Jahres 1867 war der Brand denn sehr unter den Weizen gewesen. So mußte er auch vorher über den Reinigungs Gang ehe er durch die Quetsche und den Mühlstein ging um reines Mehl zu erhalten. Diesen Abfall der Brand, den sollte ich eigentlich auffuttern. Aber den wollte kein Rind und Schwein fressen. Es stand freilich angeschrieben was ich futtern sollte. Aber da habe ich mich nicht viel um gekümmert. Ich hatte ja nun gute Quelle beim Müller. Beim andern Bauern ist es ja eingeteilt, wenn man etwas von der Mühle bekömt. So heißt es, so lange mußen wir damit auskommen. Das ließ sich ja immer berechnen. Aber beim Müller wird's ja nicht alle. Wie Liebe zu seinem Vieh hat der gibs was und das that ich denn auch, daß heißt aber nicht aus Ueberfluß. Den Brandfutter tu ich nicht, sondern richtete es so ein, wenn der Müller abwesend war, ließ ich ihn im Misthaufen verschwinden. Ich hatte stehts ein Loch bereit im Mist, zur Uebernahme eines Sackes von dem Scheißkram. Ich holte mir dafür einen Sack Grand mehr. Also die Supstans zwischen dem schlichten Mehl Grieß und der Kleie. Welchen die Rinder und die Schweine desto besser freßen und nahrhafter dazu ist. Dazu Milch und Fett erzeugt bei den Tieren. Einmal bei Tisch frug der Müller denn auch was ich eigendlich füttern thät. Der Müllergeselle sowie der Fuhrmann grinten denn auch Beide. Ich kam jedoch garnicht erst zur Antwort. Die Frau kam mir zuvor. Laß den Jungen nur seinen Willen, er füttert gut. Wir haben noch keinen Winter so viel Milch gehabt wie jetz diesen Winter. Ja das glaube ich auch sagte der Müller, deshalb frage ich auch blos. So waren auch 4 oder 5 Ochsen darunter, die sollten auch ein wenig besser gefüttert werden. Die wollte er zu Johanni den 24. Juni denn absetzen. Aber ich war kaum 4 Wochen nach St. Peter 22. Febr. Bei seinem Schwager als der erzählte Klaus Bielefeld hätte zu Ostern seine Ochsen als Schlachtvieh theuer verkauft. Das war denn ja von meiner Futterei gekommen. Es gefiel mir denn sonst bei dem Müller ausgezeignet. Aber um meine Knochen zu schonen ging ich aus dem Dienst. Denn bei einem Müller giebts ja immer viel Lasten zu tragen. Ich war in Wachsthum doch sehr zurück geblieben, um Säcke von 200 und 220 Pfd täglich herum zu schleppen, hätte mir gewiß keinen Vorteil eingebracht. Wie ich denn bei Herm. Will[54] war mußte ich denn im Frühjahr 1868 zur Aushebung zum Soldat. Da wog ich denn das ansehnliche Gewicht von 97 Pfd, also noch nicht mal Schneidergewicht sagte der Bezirksfeldwebel. Dazu war ich auch noch 1½ Zoll Reinisches Maaß zu klein. Also ein Lieliput von

---

54   Hof „Sushörn" in Elskop, Sushörn 18 (Gravert Nr. 99).

Körperbau. So kann sich der Leser denn ja vorstellen, was ich für ein Kerl war.

So hatte ich mich denn ja als Knecht vermietet bekam den Sommer 100 Mark Kourant 120 Mark jetziges. Nun muß ich denn ja bemerken, wie ich vorher schon erwähnt habe, daß ich ein ganzer Kerl auf dem Tanzboden war. So ging man denn des Sonnabends und Sonntags Abends viel längs dem Dorf um zu Fensterln bei den Mädgen. Indem wir ja nicht viel Geld wie anjetzo nicht ins Wirtshaus. Sondern nach den Schustern und Schneidern, und vertrieben uns da die Zeit bis zum Dunkel werden. So hatte ich mir denn zu solchen Ausflügen die Kuhstallthür dazu eingerichtet, daß wenn ich draußen war nach binnen aufmachen konnte. Da war mein Bauer aber nicht mit einverstanden. So mußte etwas anderes ausspickuliert werden. Also mein Bauer und sein Schwager Jürgen Wichmann waren denn auch ja gewaltige Jäger vor dem Herrn. Hatten deshalb auch einen großen Jagdhund, der krog gerade durchs Loch. Da hat ichs! Also Jacke raus und gleich brobiert. Die eine Hand vorweg gestreckt und auf die Seite hindurch, richtig es ging auch gleich wieder zurück. Da war ich geholfen, brauchte auch garnicht zur Küchenthür hinaus. Bekam es auch Keiner zu wissen, daß ich ausging zum fröhligen Jagen in dunkler Nacht. Ich habe es auch eher nicht verraten als bis ich das nächste Jahr in andre Dienste trat. Da ich bei dem Hundeloch bin kann ich auch ferner berichten, daß ich den Hund auch bei mir ins Bett nahm. Er hielt es aber nicht lange aus unter der Decke, obgleich ich ihnls kleines Kind bei mir platzierte, höchstens eine Viertelstunde. Wenn ich schlief kroch er sich ganz behutsam unter die Decke heraus und legte sich mir zu Haupten hin, wo er dan bis zum Morgen lag wenn eben nichts Apartes pasierte. Er war ein sehr wachsamer kluger Hund. Wenn z. B. Ein Rind oder Pferd los war, oder eine Kuh kalbte oder dergleigen Sachen vorkamen oder sonst etwas Verdägtiges vor kam. So sprang er leise aus dem Bett und machte so zu sagen als der Wächter seinen Rundgang. Kam er zurück und es war etwas nicht in Ordnung, so kam er vors Bett, und knurte oder kratzte an der Decke bis man hoch kam. Dan konnte man sicher aufstehen, denn war auch etwas passiert. Dan ging er vorweg wo es war, was ihn gestört hatte. Kam ein Betler daher, den bellte er selten an. Ging er jedoch wieder weg, so verfolgte er ihn bis nach der Straße hin. Kam auch einmal ein

Bettelweib daher ich und der Hund waren in der alten Scheune ich wollte Heu holen. Der Hund flugs hin und wie sie weg ging, packte er sie am Kleid an und hielt sie fest und lies nicht los. Da ich denn hin, da das Weib schrie. Ich sagte sie hätte doch nichts weggenommen sonst würde er sie nicht angefaßt haben. Richtich! Da grief sie unter die Schürze und warf ein Paar Strümpfe von sich. De könt se ok gern beholn. Flugs lies der Hund sie los und schnappte nach den Strümpfen und ging damit zur Küchenthür wo er sie ablieferte, und dan stracks retour nach der Straße, ob sie sich auch entfernt hatte. Dan noch einen Ackt von dem Hund. Komme ich um Mitternacht im Herbste vom Glückstädter Markt bei Gewitterluft. Dabei Stockfinster nach jedem zuckenden Blitz. Komme den Fahrweg herauf nach dem Wohnhaus. Wie ich neben der Gartenpforte bin, rasselte es bei mir vorüber nach dem Steg über den Weg nach dem Gemüsegarten. Sehe aber nichts. Nanu denke ich was ist denn los. Ich gehe nochmals wieder zurück und komme wieder retour, dasselbe Geräusch. Sehe aber nichts. Da fällt ein greller Blitz und mir däugt bei der alten Scheune steht etwas, kans aber nicht so schnell feststellen was es ist. Ich habe keine Angst ziehe aber mein Taschenmesser heraus, treffe aber nichts an. Ich nach der Hofthür locke den Hund, welcher auch sovort durch Hundeloch kommt. Wie ich ihn dan hetze, nimmt er den Schwanz zwischen den Beinen und geht wieder durchs Loch hinein. Was nun? Ich wecke des Bauern Schwager welcher bei mir in der Kammer schlief. Hol eine Flinte und lade beide Läufe. Locke den Hund, der bleibt aber mitten auf der Diele sitzen. Anstatt wenn man sonst die Flinte in der Hand nahm außer sich vor Freude sprang, mich jetzt aber in Stig ließ. Das mußte denn ja eine besondere Anschauung von ihm sein. Ich gehe denn ja mit der Flinte in der Hand los und suche es rund herum alles ab. Da ich nicht an Gespenster glaube bis jetz auch noch nicht. Rufe wie raus komme wer da? Keine Antwort. Da es jetz heller geworden ist, da sich das Gewitter verzogen hat, streife ich alles rund herum ab. Finde aber nichts. Gehe dan wieder ins Haus und lege mich ins Bett. Schlaf kam jedoch nicht in den Augen. Der Hund kuckte mich an, als wenn er sagen wollte, darf ich auch zu Bett gehen? Ich zeigte oben nach dem Bett und er sprang hinauf, saß aber noch lange Aufrecht im Bett. Wie ich denn schon eine ganze Zeit still gelegen hatte, streckte er sich auch hin und stönte, als wenn er auch Herzdrücken hatte. Jetzt sage mir

Einer was dies denn für eine Erscheinung gewesen ist? Ich sagte denn zu den Schwager des Bauern, erzähle es blos den Frauensleuten nicht, denn die würden dan des Abends ja nicht mehr nach Tante Maiern gehen aus Angst. So haben wir es denn auch für uns behalten, blos dem Bauern haben wir es mitgeteilt. Dieser Sommer 1868 war ein sehr warmer und trockener Sommer. An einigen Tagen war es so heiß in der Ernte, daß wir beim Mähen die Hälfte Zeit nur arbeiten konnten, um nicht umzufallen vor Hitze und saßen als dan hinter den Hocken. Das Korn war deshalb auch nicht lang gewachsen im Stroh, sonst war es aber gut. Diesen Sommer wurde hier zuerst mit der Dampfmaschiene gedroschen. Obs der warme Sommer gethan hat? Meine Gliederschmerzen verschwanden beinahe alle. Auch war ich an Körper sehr gewachsen hatte 24 Pfd an Gewicht zugenommen überhaubt hatten die Kräfte sehr zugenommen. Es wurde aber auch ein sehr schönes Esssen auf den Tisch gesetz anders als beim Herrn Schmidt. Ich war zur nächsten Aushebung auf 2 Zoll gewachsen. Da konnte ich denn auch nicht mehr durchs Hundeloch kriegen. Eins möchte ich noch hervorheben. Da ich bald jedes Tier seine Stimme nachahmen konnte, welches ich jetz auch noch kann. So hatten wir daselbst auch einen sehr energischen Hahn. Wie es in der Frühlingszeit, denn ja allgemein Sitte ist, wenn alles mit Samen ausgestreut und beackert wird, werden die Hühner ja einige Zeit eingespert. So hatte ich denn meine Lust daran, wenn er hinter dem Gitter krähte, ich dasselbe that. Darüber wurde er denn so erbost daß er in die Höhe sprang auf mich zu mit sträubenden Gefieder. So machte ich denn auch nachher auch noch wie er frei herum ging. Aber da wollte er nichts von wissen, er kam stracks auf mich zu und flog mir zu Kopf Wenn ich auch die Peitsche in der Hand hatte zum Abwehren. Um ihn nicht tot oder kaput zu schlagen, mußte ich die Fopperei aufgeben. Das Krähen wollte er allein thun. Er blieb denn auf diese Art der Sieger. Da wir uns denn nicht einigen konnten wegen des Lohns, so ging ich von da wieder von 22 Febr bis zum 1 Mai nach Herrn Schmidt in Sommerland, welcher mir denn eigendlich als Henchste Wärter anstellen wollte. Wo ich denn erst die Futterei übernahm. Wenn ich so weit mit der Futterei fertig war, verrichtete ich denn auch alle vorkommenen Arbeiten aufs Feld. Ich konnte nuh auch sonst ja mich ganz gut mit ihm auskommen. Blos in einigen Stücken war ich aber etwas wiederwillig. So hatte er mir auch eine neue Striegel für die Ochsen angeschaft, mit 2 Ringen daran zum klingeln während des striegelns. Dan konnte er es ja auf der Diele hören, daß ich damit beschäftig war im Stall. Mir paste jedoch die Klingelei nicht. So nahm ich denn einen Sacksband und band die beiden Ringe fest miteinander zusammen, daß kein Ton zu hören war. So war er denn schon die Diele mehrere Mal auf und nieder gegangen auf seinen Morgenschuhen, was ich durch die Ritzen der Klappen sehen konnte. Ich striegelte desto feste darauf los. Endlich kam er zum Stall herein. Ich war auch schon beinah damit fertig. Er fragte, weshalb ich denn die neue Striegel nicht gebrauchte. Ich zeigte sie ihm dan, aber das Geklingel möchte ich nicht hören deshalb hätte ich die Ringe zusammen gebunden. So wollte er mich eigentlich beim Kragen kriegen, aber ich war damals nicht mehr von Pappe. Ich hatte mich mit den linken Arm auf einen Ochsen gestütz in der rechten Hand die Striegel zur Verteidigungs Stellung. Er sagte ich sollte weiter striegeln, ich sagte aber, wir schnackten jetz ja zusammen und sagte dan, kommts mir näher, dan reiche ich dir eins mit der Striegel. Damit schob er sich ab. Kurz darauf eines andern Morgens kam er angerannt, wie ich noch beim Vorarbeiten war zur Nachmittag Fütterung. Warum ich noch keine Stiefel angezogen hätte? Geit die garniks an war die Antwort von mir. Da kam er natürlich auf mich los gefahren, ich sprang jedoch zur Seite und ergrief eine Heuforke und hielt sie ihm endgegen. War di weg oder ick steek die döör. Er prallte denn auch ja zurück und ging Heim. Ich hatte die Arbeit beendet und zog meine Stiefel an. Kriegte den Spaten her nahm ihn auf die Schulter und war im Begrif aufs Land zu gehen um daselbst zu arbeiten. Wie er wieder daher kam und fragte, ob ich nicht erst dies und das fertig machen wollte, ehe ich aufs Land ging? Ja! Da war er andern Sinnes geworden. Das mußte man ihm lassen Nachtragen that er nichts, nun ich auch nicht. So waren denn wir leicht wieder einen Sinnes, was die Hauptsache denn auch ja ist. So hatte ich denn vor kurzer Zeit auch einen neuen Stiehl auf meiner Rüffel (Spaten) erhalten. War damit beschäftigt hinter dem Hause um die Mittefurge zuzuwerfen. Als ich eine Pause hielt, stützte mich denn auf den Stiehl wie es so Brauch ist. So kommt er auch daher gerannt wie es so seine Art ist. Wenn man glaubte er sei noch 100 Meter und mehr entfernt, dan stand er schon neben dir. Er fragte deshalb ob ich einen guten Stiehl auf meiner Rüffel erhalten

Der „Kremper Menschenmarkt" am Ende der 1920er Jahre. Vorne rechts steht der Ortspolizist Gründemann. Foto: Martens, Krempe.

hätte? Ja war die Antwort. Solche Fragen das waren denn ja sogenante Spitzen von ihm. Wenn man sonst aber seine Arbeit that, sagte er sonst auch nichts, denn er wußte die Arbeit zu schätzen was gemacht und auch wie sie ausgeführt wurde. Er hielt auch 2 Zucht Deckhengste, so sollte ich wie ich schon erwähnt habe, Wärter desselben werden, da ich ja schon gut reiten konnte und fest ohne Sattel darauf saß. Wo ich denn auch sonst wohl Lust dazu hatte. Aber einzig und allein der Kost wegen mich nicht bequemen konnte noch länger dazu bleiben. Der Knecht Schipmann sagte auch er würde mich nicht laufen lassen, er würde mir einfach kein Geld geben, so müßte ich schon bleiben. Aber das Glück wollte es doch das ich mein Geld bekam. Ich hatte mein Bündel schon geschnürt am Sonnabend Abend. So war denn gerade der Lehrer von dem ältesten Sohn aus Glückstadt anwesend zum Besuch. Ich hinein zur Stube und forderte denn meinen Lohn in dessen Anwesendheit und erhielt ihn auch. So ging ich denn Eins, zwei, Drei so schleunigs ich konnte zum Thor hinaus. Ich war auch kaum 100 Meter entfernt bei dem damaligen Schulhaus angelangt, als ich gerufen wurde. Ich hatte es aber auf einmal aufs Gehör bekommen und marschirte stracks meines Weges vorwärts um aus Ruf und Sehweite zu kommen. Wie denn Sonntags Morgens auf dem Menschenmarkt[55] bekam ich auch gleich Arbeit. Es dauerte auch nicht lange so kam Herr Schmidt denn auch schon, warum ich nicht geblieben wäre? Ich sagte einfach ich möchte seine Klöße nicht mehr. Die Umstehenden lachten und er ging seines Weges. Ich hatte mich vom 1 Mai bis Johanni 24 Juni nach Elskop bei den Gebrüder Panje vermietet. Jetz wohnt der Schwiegersohn von Jacob Panje, Hinr. Ahsbahs[56] daselbst. Daselbst wurde die Scheune vergrößert und umgebaut mit einem Göpelschauer daran. So wurde ich zum Mauerhandlanger bestimt, Kalk und Steine herbei zu schaffen. So ich etwas reichlich Zeit hatte nahm ich denn auch mal eine Kelle und Stein zur Hand und setzte welche nach der Scheur hin. Es war ja ein Rohbaum und kam es denn ja nicht so ganz genau darauf an wie es ausgeführt wurde. Da sagte der Meister ich könnte ja noch das Mauerhandwerk erlernen, denn ich hätte ja Anlagen dazu. Nun im nächsten Jahr hatte er recht viel Arbeit und so habe ich es denn noch erlernt. Nun bei den Gebrüder habe ich in den 7 Wochen meines Dasein nicht eben viel erlebt. Ich muß noch erwähnen das die Gebrüder die ansehnliche Größe von 2 Meter Länge hatten. Sie waren somit die größten Kerls der Umgegend. Sie wurden allgemein die Scheinladenschächte genannt. Waren damals noch nicht verheiratet. So war dies Jahr denn ein ausgezeignetes Kornjahr, wie ich es vor dem und auch noch jetzt nicht wieder erlebt habe. So mußte denn jeder Bauer in der Ernte auch mehr Leute in Arbeit haben, um alles unter Dach und Fach zu bringen. So forderte ich denn auch 2 Mark Wochenlohn mehr als wie sonst Gang und Gebe war. Aber da wollten sie nicht ran. Ich wäre wohl nicht klok sagte der große Jacob Panje. So nahm ich denn mein Bündel unterm Arm und maschirte denn längs dem Dorf nach Krempe zu, um auf dem Menschenmarkt zu gehen. Ich kam aber nicht weit. Denn als ich in der Nähe von Thies Spliedt[57] kam, so kam mir der junge Thies Spliedt schon entgegen und fragte ob ich mir nicht einig geworden wäre. Nein. Nun der Alte möchte aber gerne mal mit mir sprechen also hinein zum Alten. Nun was

55 *Auf dem Kremper Marktplatz konnten über einen Vermittler Arbeitskräfte gemietet werden.*
56 *Elskop, Dorfstr. 15 (Gravert Nr. 86).*
57 *Elskop, Dorfstr. 7 (Gravert Nr. 92). Hier war Ruhser schon einmal als Junge.*

möchtest du denn verdienen? Ich forderte noch eine Mark mehr also 3 Thaler die Woche. Nun denn laßt das kriegen sagte der Alte. So nahm ich denn mein Bündel und brachte es gleich zur Knechtekammer. Ging deshalb aber doch noch zum Menschenmarkt, um zu hören was dort für Lohn geboten wurde. Na der große Jacob kam denn auch bald heran und frug ob ich mich bedacht hätte. Ja sagte ich, ich hätte mir schon Unterwegs vermietet bei Thies Splieth für 3 Thaler. Da schnitt er ein sehr langes Gesicht. Sonst war gewöhnlich für einen Unverheirateten der Wochlohn 2 Thaler. Dazu hatten sich auch schon viele meines Alters zu vermietet welche nicht in Jahreslohn waren. So wollten mich denn ja schon einige junge Leute mich vor dem Vorarbeiter bange machen, mit dem könnte ich es nicht aufnehmen. Ich stand jetz aber schon ziemlich stramm in den Stiefeln obgleich ich noch etwas Schmerzen in den Gliedern hatte, aber ich hatte in Jahresfrist sehr zugenommen Körperfülle und Kräfte. Dazu hatte ich eine Sichel und die war gut, mit der konnte ich alles wegrassiren. Ich hatte nur einen Thaler dafür gegeben, 4 und 5 boten sie mir dafür und hätten sie 10 dafür geboten dan war sie es mir ja auch wert. Die Sichel hat auch 11 Sommer ihre Schuldigkeit gethan. Da sie zuletz so verwundet wurde von einem Flintstein, daß ihr das Schneiden verging. So hatte ich denn leichte Arbeit um hinter den Vorarbeiter hinterher zu kommen. Wir hatten dort im Mittelsten Kamp 2 Stücken mit Saalweizen, welcher 2 Meter lang war und so hart wie Reth aber meine Sichel bezwang ihn obgleich der Vorarbeiter stöhnte. Drei Reihen Hocken bei Hafer längs dem Stück, das gab was zu schaffen. Da hatte die Dampfdreschmaschiene etwas zu thun. Den darauf folgenden Winter von 1869 auf 70 hatte ich mir bei Lütje v. Leesen[58] als Drescher vermietet für ganze 2,70 Mark die Woche. Ich wollte jetz nicht mehr futtern sonst hätte ich wohl etwas mehr verdienen können. Was man damals in einer Woche verdienten, verdienen sie jetz wo ich dies Schreibe in einer Stunde und müßen deshalb auch beinahe hungern. Das Wenigste ist das man kein Fett und Fleisch im Magen bekommt, also zu Schanden frießt sich jetz Keiner. – Also ich wollte Sonntags denn ja freie Zeit haben zu Spiel und Tanz, hatte mir denn auch eine feste Liebe angeschaft. Was denn des gewöhnlichen Menschens

---

58 Elskop, Dorfstr. 3 (Gravert Nr. 95). Hier war Ruhser schon einmal als Junge, siehe Fußnote 16.

Elskop, Dorfstr. 27 (Gravert Nr. 73). Foto: C. Boldt 2021.

Lebenslauf und Bedürfniß ist. Also wir dreschten zu dritt, bei von Leesen ich und Johann Karstens u. der Maurer Didrich Strüven von Horst,
dessen Sohn Didrich daselbst futterte. So hatte er seinen Weizen alle
vom Felde mit der Dampfdreschmaschiene abgedroschen. So waren
Haus und Scheune voll von Hafer und Bohnen und in der Hofstelle
standen auch noch Haferdiemen. So hatten wir drei Mann genug bis
ausgang Febr. zu klopfen bis wir fertig damit waren. Dan vermietete ich
von St. Peter bis 1 Mai nach H. Will[59] zu Landwirtschaftlichen Arbeiten.
Dan grief ich zum Hammer und der Kelle um noch das Mauerhandwerk zu erlernen. Denn ich dachte ich würde doch wohl kein Soldat, in
dem die Schmerzen doch nicht ganz nachließen. So war denn meine
erste Arbeit, bei dem damaligen Ziegelei Besitzer auf dem Gehrhof bei
Peter Schippmann[60] . Wo die Scheune neu umgebaut wurde mit dem
Göpelschauer daran. Es wurde alles Mauerwerk von Bruch und schad-
haften Steinen in Thonmörtel aufgefürt. Dan reparirten wir die Scheune

---

59   *Elskop, Sushörn 18 (Gravert Nr. 99). Hier war Ruhser bereits als Junge tätig.*
60   *Krempdorf, Gehrhof 4 (Gravert Nr. 69).*

bei Wilhelm Magens[61] welche an dem Bauern Herm. Lange seiner Grenße steht. Darauf wurde die Scheune des Hofbesitzers Peter Rave[62] im Süderauerdorf neu auf und umgebaut mit Göpelschauer daran, wegen des Dreschens mit der Maschiene, mußte auch mehr Platz für das lagernde Korn sein. Dan bauten wir bei Johann Schröder[63], wo jetzt ein Paul Hellmann wohnt ein Göpelschauer mit Schweinstall. Da brach der Krieg aus 1870 mit Frankreich wie wir dabei waren. Ich mußte gerade den 19 Juli zur Ausmusterung nach Itzehoe zum Ersatz Geschäft der Aushebung an diesem denkwürdigem Tage der Mobilmachung. Wurde Natürlich auch Soldat als acktiver Infanterist. Trat aber erst am 18 Oct. in Dienst. Am zweiten Tage nach der Mobilmachung kam die Schwiegermutter meines Kolegen Hinr. Semmelhack mit der Odre, sich Morgen in Rendsburg zu stellen. Er war schon 38 Jahre alt. Er hatte gerade den Hammer in der Hand, warf ihn von sich in die Ecke mit dem Ruf Not lat Schiit man liegen. – So schied er ohne Gruß von dannen. Er war mit dem jetzt noch lebenden Jacob Stange einberufen worden um Remonte Pferde[64] nach dem Rhein zu befördern. Sie kamen mit reichlich 14 Tagen wieder retour und wurden entlassen. Da die Ernte vor der Thür stand, legte auch ich Hammer und Kelle aus der Hand und ging zum Bauern in die Ernte um noch etwas zu verdienen. War denn 5 Wochen bei Herm. Will[65] in der Erntezeit, die Woche zu 5 Thaler. Dan die letzte Zeit bis zu meiner Einberuffung bei Wilhelm Peters auf dem Sommerlander Riep[66]. In der Zeit wie ich bei Peters war beim Pflügen, kam eines Nachmittags um 6 Uhr eine Feuerkugel angepflogen von Nordwest nach Südost über Horst hinweg. Das wie ich sie erblickte nur wenige Sekunden dauerte sie verschwunden war über Horst hinweg. Die hatte es sehr Eilig. Sie ließ uns kaum Zeit danach zu kucken. Den Pferden ging blos ein Ruck durch den Körper weil sie uns von hinten kam. Was es für eine Naturerscheinung war ich weiß es nicht, obgleich noch viel aus aller Herrenländer darüber geschrieben ward. Es wird wohl ein

---

61 *Elskop, Dorfstr. 1 (Gravert Nr. 97). Hier war Ruhser schon einmal als Junge.*

62 *Süderauerdorf 23 (Gravert Nr. 868).*

63 *Elskop, Dorfstr. 27 (Gravert Nr. 73).*

64 *Pferdeersatz der Truppen.*

65 *siehe FN 59.*

66 *Sommerländer Riep 2 (Gravert Nr. 898).*

Meteor gewesen sein. Obwohl wir bei dem Bauern daselbst 4 Junge Burschen waren von 20 und 22 Jahren. So hatte ich doch die meiste Arbeit mich mit den beiden Mädgen herumzubalgen. Da ich doch schon eine feste Liebe hatte, so hatte ich doch keine Ruhe vor ihnen. Das ist denn auch ein Leiden, wenn man zu sehr geliebt wird. Nun ich wurde denn ja am 18 Oct. einberufen, da hatte Alles ein Ende. Ich wurde bei der 3. Comp. des Ersatz Batl. No. 85 einstellt in Rendsburg. Mein Kolege bei Peters Heinrich Schulz stellte sich freiwillig zu Neujahr bei den 9ten Jäger in Ratzeburg. Ich war denn ja nach Rendsburg gekommen und wurde in der Baracke E. einquartiert. Damals stand ja noch der alte Festungswall auf der Holsteinschen Seite. So standen denn die Baracken von A bis Z benannt, von der Untereider beginnennt am Wall entlang für den Soldaten der Infanterie, Pioniere und Train[67] zur Wohnung derselben bereit. Das Pionier Batl.[68] wurde nach dem Bau des Kanals nach Harburg verlegt. Wo nachher mein ältester Sohn bei gedient hat. Nun ich hatte einen guten Unterofzier erhalten zur Ausbildung. Er war von Beruf Maurer, hieß mit Namen Sucksdorf, stammte von Ahrensböck. Er diente im 4 Jahre Acktiv und mußte uns ja denn ausbimsen[69]. Es dauerte denn auch nicht lange mit der Rekrutenzeit. Am 24 Dec. Ich hatte wie mehrere von uns seinen Urlaubschein in der Tasche zu Weihnachten. Als plötzlich unerwartet der Befehl kam zum Ausrücken. Wir waren schon mehrmals alamirt worden, jetz war jedoch damit Ernst geworden. Morgens in aller Frühe wurde empfangen 80 scharfe Patron und das Hunde zeigen mit der Nummer um den Hals. So standen wir um 2 Uhr fertig verladen bereit auf dem Bahnhof zur Abfahrt nach Hamburg. In Hamburg oder eigentlich Altona auf dem Bahnhof angelangt. So mußten wir durch die Stadt maschieren wo es so glatt war, daß wir uns einhakten um nicht auf den Arsch zu fallen. Wir wurden in der Vorstadt St. Georg einquartiert. Nun wenn der Mensch Pech hat, ist es doch noch nicht so schlimm als wenn als wenn der Schuster kein Pech hat. So hatte ich denn ein Billet für 4 Mann. Aber oh weh! Das Haus war leer. Nun

---

67 *Train = Nachschub.*

68 *Das Schleswig-Holsteinische Pionier-Bataillon Nr. 9 wurde 1893 nach Harburg verlegt.*

69 *Utbimsen = „Rekruten ausbilden", „militärischen Schliff beibringen" (Mensing: Schleswig-Holsteinisches Wörterbuch).*

hatten wir uns alle des Feldwebels Quartier nicht vermerkt. So waren wir auch mehrmals die Steinstraße auf und ab gegangen, und so hatte uns auch schon ein Herr gefragt ob er keine Soldaten abbekäme. Da wurde ich denn unsern Gefreiten gewahr der den Ordnungsdienst versah. Ließen uns Straße und Hausnummer sagen und holten uns ein neues Billet. So hatten wir denn das Billet bekommen, welches auf den betreffenden Herrn lautete welcher schon Umschau gehalten hatte. Nun wir wurden mit Freuden empfangen. Es wäre ihm wie er sagte in seiner Ehre zugegen gewesen wenn er keine Soldaten abbekommen hätte. Obgleich er uns selbst nicht behalten konnte. Er hätte nämlich recht sehr viel Besuch aufs Fest. Da nun die Einquartirrung so schnell vor sich gegangen wäre, so hatte er uns denn ausquartiert nach einer Milchwirtschaft. Hoffe aber uns deshalb zufrieden zu stellen mit der Ausquartirrung. Fürs Erste sollten wir aber noch hier gesättigt werden. Also Helm und Tornister abgelegt und rein in die Mädgenstube an den Tisch heran. Ein hübsches dralles Mädgen kam zur Bedienung. Weiß und Schwarzbrod, Käse, Fleisch mit Butter, Salz Pfeffer und Mustrich alles da. Dazu holte das Fräulein 2 Flaschen Wein dazu mit Gläsern. Nun man nicht blöde sagte unsere Aufwärterin, sie würde mehr holen. Wie ich denn stehts liebreich gegen die Weiblichkeit war, sagte ich denn auch, sie würde für sich selbst wohl ein Glas holen um mit uns anzustoßen auf guter Gesundheit. Da sprang sie denn auch schleunigs auf und holte sich ein Glas, und sties mit uns an auf unser aller wie der Herrschaften Gesundheit und Wohlsein an. Wie denn unter jungen Leuten es so Gang und Gebe ist, wird denn bei solchen Gelegenheiten von Spiel und Tanz sowie Lust zur Liebe u.d.gln. gesprochen so auch hier. Also Hamburg freie Stadt, feierte damals nach 3 Feiertage in Tanz und Spiel. Also bat ich sie denn, wie schon wußte das in der Großstadt jeder mit seiner Tänzerin walzte für den Abend. Wenn sie nicht bereits einen in Aussicht hätte, mit mich fürlieb nehmen würde das Tanzbein zu schwingen. Sie sagte zu, und es sie gewiß auch nicht gereut sie tanzte denn auch ganz gut linksum. Nun ich habe es ihr auch tüchtig beigebracht. Ich glaube sie hat es nachher richtig bedauert die Trennung nachher denn beim Abschied kamen ihr die Trahnen in den Augen um vielleicht Abschied für immer zu nehmen, sonst hätte allenfalls ja noch etwas daraus werden können. Ich hatte aber ja meine Liebe in der Heimat zurückgelassen.

Als wir dan gesättigt waren, kam der Herr des Hauses denn und fürte uns ins Weihnachtszimmer, wo die Geschenke lagen fürs ganze Haus. Ich hatte vorher noch nicht eine solche Auswahl von Geschenken gesehen. Eigendlich ein Manufaktur und Koloniealwaren Handlung. Na wir erhielten denn ein jeder einen Thaler und ein halbes Dtz. Zigarren. Dan brachte uns das Madgen nach unserem Quartier zu einem Milchhändler dicht beim Tivolie auf der Ecke am Klosterthor. Der hatte denn auch schon gewartet, wollte uns auch Abendbrodt aufsetzen. Wir dankten jedoch, da wir gesättigt waren. Nun als wir nach ein Paar Stunden die Mahlzeit verdaut hatten, wurde jedoch der Festpunsch aufgetragen mit belegten Butterbrodt dazu. So wurden wir denn ja auch noch benebelt und thaten einen guten Schlaf darauf. Am andern Morgen kam denn um 9 Uhr schon unser Herr mit seinen beiden Söhnen von 10 u. 12 Jahren und brachten ein jeder von den Knaben eine Flasche Wein und der Herr eine Kiste Zigarren unter den Arm bei uns an. Erkundigte sich denn wie es denn uns bei unserm Quartierwirt gefiel. Wir beantworteten es denn mit einem Ja! Wir sollten eigendlich am zweiten Weihnachtstage wieder abmaschieren über die Elbe, welche ja fest zugefroren war. Aber es stellte sich beinah Tauwetter ein, sodas das Eis der Elbe unter Wasser kam. So blieben wir denn bis zum 29 Dec. Abends um 6 Uhr und fuhren per Bahn über Magdeburg nach Metz. So gingen wir denn 3 Tage hinter einander zu Tanz nach dem Tivolie. Wenigsten ich für meine Person, ich hatte ja eine Tänzerin um zu walzen bereit zu sein. Denn einmal lebt der Mensch ja nur. Da Krieg war konnte man ja nicht wissen, wie es mit dem Leben bestellt war, auf wie lange, also genießen so lange man es besaß. Also los gewalts und manches Küßchen erschasch Gegenseitig. Also Nicolaus mußte sein Versprechen denn ja auch halten, so mußte er denn das brave Mädel zum Tanz abholen und auch wieder zu Haus begleiten. Wer hätte es sonst auch thun sollen? Eins pasirte mir noch daselbst. Am letzten Tage verlor ich noch mein Portemane mit einen Inhalt von 33 Schilling und so war Nicolaus so arm wie eine Kirchen Maus wie er von Hamburg schied. Nun mit Butterbrodt und die Feldflasche voll Wein waren wir ausgerüßtet für den ersten Tag. Dazu auch mit Zigarren versehen. Kommt Zeit kommt Rath und die Plag mit. Deshalb immer ruhig Blut. Ich wäre bald nicht mit gekommen, da wir daselb noch 2 Stunden im Schnee stehen mußten bei 20 Grad Kälte. So

hatten sich viele wozu auch ich gehörte uns noch einen Affen mehr auf-
gepackt. So schoben sie mich denn in einen Wagen der 2ten Comp. Auf
der ersten Haltestelle wurde ich jedoch an die Luft gesetz. Suchte denn
meine 3te Comp. auf bekam aber keinen Sitz auf einer Bank. So mußte
ich denn im Durchgang hausen. Das kam mir denn die andern Nacht
gut zu statten. Dan grappelte ich mich etwas Stroh zusammen u. legte
mich der Länge Nach darauf den Tornister unterm Kopf. Also hatte Nicolaus nach dem Pech wieder Glück. Als wir 2 Tage gefahren hatten,
und wir noch nichts gekauft hatte, frug mich Heinr. Schmidt aus Sommerland ob ich kein Geld mehr hätte, da ich nichts kaufte. Nein! Mein
Geld wäre in Hamburg verloren gegangen, so gab er mir 5 Groschen.
Dieselben hatte ich auch noch wie wir in Metz ankamen. Als wir in
Soest in Westfahlen auf dem Bahnhof hielten, da uns ein Zug mit Attil-
lerie überholte, wurde ich einen kleinen Mann gewahr welcher mir bekannt vorkam. Die andern sagten dan rufe ihn mal an. Ich rief Hans
Krei. So wie sich der kleine Mann reckte. Ich winkte und so krappelte er
sich denn durch die Menge heran. Nante meinen Namen und Herkunft.
Er kenne mich aber nicht Persönlich. Aber einen Namens Jochim Ruhser daselbst als Steinschläger und Setzer. Nun dessen Sohn wäre ich. Er
war denn auch schon 5 Jahre aus Krempe abwesend. Na ich sagte ich
hätte damals schon oft einen großen Kümmel bei ihm getrunken, so
wäre denn jetz auch meine Flasche ausgetroknet. Rasch entrieß er mir
die Flasche und kam bald mit der gefüllten zurück. So tranken wir uns
denn Gegenseitig zu und der Zug setzte sich in Bewegung. Was ich
noch bemerken möchte. So wohnte der kleine Hans Krei auf der andern
Eckseite der Apotheke in Krempe gegenüber. Das Haus wurde allgemein das Kreiennest genannt. Er war von Beruf Schneider und hatte
deshalb auch einen kleinen Laden, hauptsächlich Arbeits Anzüge. Dan
auch eine Schenke wo ein großer Kümmel auf der Diele vertilgt wurde.
In der Nacht von 1870 auf 71 hielten wir um Mitternacht auf der Reihn-
brücke bei Köln. So kamen wir denn die andere Nacht vom 1 zum 2 Jan.
in Metz an. Wir wurden in einer Kaserne mit Namen Cuatier de la Seile
verlegt. Nun waren denn auch alle recht Marode, denn wir hatten ja
reichlig 3x24 Stunden Bahnfahrt gehabt bei der Kälte. Wie wir da waren
nach merere Tage bis zu 12 u. 14 Grad Kälte. Es gab recht viele unter uns
welche die Zehen ausgefroren waren. Nun gings Bimsen und Wache-

stehen wieder los. Ich stand von 5 auf den 6 Jan. auf Posten am Bahnhof mit scharf geladenen Gewehr als Soldat. Liebes Posten in Zivil hatte ich schon genug gestanden. Das ist aber viel angenehmer als drausen vor den Feind wenns so kalt ist. In Zivil kann man manchmal doch dabei unterkriegen, an des Mädels Seite. Aber oh weh! Das giebs hier nicht. Wie wir von Wache kamen, wurden 600 Mann vom Batl. ausgesucht als Ersatz ins Feld zu rücken. Es traten dreiviertel der Manschaft vor freihwillig wozu auch ich gehörte. So suchte der betreffende Stabsofzier sich denn die ihn die stärksten zu schienen aus. Ich mußte denn ja wieder zurücktreten. Da einer von unsern Spatzenhammels mit ausgesucht wurde, so wurde ich denn als dessen Stellvertreter als Spatzenhammel zur Küche expedirt. Dies dauerte jedoch nicht lange. Am 12 Jan. wie unser Ersatz Batl. wieder auf Wache war und unsere 3te Comp. bis auf unser beiden Spatzenhammel auf Posten stand. So kam der Feldwebel denn ja auf unsere Stube und suchte sich einen Mann auf sovortiges Komando. Der andre Spatzenhammel Jansen stand gerade dicht bei der Thür, er war ein Ditmarscher von Geburt. Also fertig machen in einer Viertelstunde sich beim Feldwebel der 4ten Comp. Feldmarschmäßig melden, verstanden? Ja Herr Feldwebel ich kann aber ja noch garnicht Maschirren mir sind ja die Füße erfrorren. Ich saß gerade am andern Ende der Stube und schrieb einen Liebesbrief. Halt packen sie ihre Schreiberei nur zusammen. In einer Viertelstunde bei mir und dan zum Feldwebel der 4ten Comp. Das andre wird derselbe Veranlaßen. Also drab auf. Da war auch schon ein anderer von der 1 Comp. anwesend. Unterofzier Wilhelm George nahm uns in Empfang und brumte mit uns ab in der Nacht hinein. Alle noch Unbekant in der Stadt, gingen wir aufs Etappen Komando und der Unterofzier holte sich seine Intruktion dazu. Hauen uns denn gegen Morgen zurecht. Wir sollten nach dem Grand Seminar als Poliezeiliche Aufsicht zur Ablösung eines Komandung von dem 15 Regt. Also das war das Gebäude wo die Katolische Geistlichkeit studirte. Also in Acht nehmen, denn wir bekämen nicht eben mit den besten Menschen zu thun mit den Pfaffen. Also da die meisten jungen Pfaffen mit ins Feld gerückt waren, so waren es Meistens alte Provessorren die anwesend waren. So war denn dies Gebäude für Militärische Zwecke geräumt zur Einquartirrung für Soldaten welche hin und her durchmaschirten. Es konnten daselbst 350 Mann untergebracht werden. Gewöhnlich waren es Landwehrleute die daselbst Einquartirung daselbst erhielten für 1 bis 2 Ruhetage, dazu hatten auf den Hinmarsch zur Front, um alsdan von auf dem Rückmarsch von Gefangenen verwundet wurden. So verteilte der Unterofzier die Mannschaften auf den Stuben und Räumen des Gebäudes. Es waren auch 3 Sääle daselbst wo 80 bis 90 Mann auf jeden Platz hatten zur Unterkunft. Ich hatte die Aufgabe mit einigen Manschaften der Einquatirrung, daß nöthige Brodt von der Bäckerei zu besorgen. Wo uns 2 große schottsche Karren zur Verfügung standen zu besorgen. Das war denn ein weiter Weg dahin, und wollte keiner ohne Murren mit mir. Da sagte gleich ein Feldwebel von der Einquartirrung zu mir. Ich mußte mir immer 40 bis 50 und mehr vorrätig halten, dan könnte ich mir auch noch ein schönes Stück Geld damit verdienen. Ja wenn das erlaubt wäre? Ja! Wenn sie die Kopons haben können sie ja zu jeder Zeit das Brodt erhalten. Wenn sie dan die Manschaft für ein Kopons 2 Groschen zahlen und ließ mich 4 Groschen wieder für ein Brodt geben würde jeder es für den weiten Weg gerne ausgeben. Gesagt gethan. So verdiente ich denn manchen Thaler. Hatte mich dan auch bald 21 Thaler für spätere Geldverlegenheiten im Rumpf eingenäht. Des anderen Kameraden sein Dienst war denn, daß er mit der Manschaft nach dem Magazin ging um Erbsen und Speck oder Bohnen und Hammelfleisch zu holen. Da war nicht so weit entfernt von uns. Er konnte auch nicht gut maschieren wie ich. Er hatte nehmlich am 18 Aug. einen Schuß durch das eine Schiebein erhalten, was ihn dan noch immer schmerzte. Das hatte er eher nicht bemerkt als ein Kamerad von ihm daraufmerksam gemacht hätte als ihm das Blut schon aus dem Stiefel gelaufen wäre. Da wäre er denn zurück gegangen und hätte wegen Schwäche sich nieder gesetz. Da die Kugeln aber noch immer fitsch, fitsch um ihn gesagt hätten, so war er im Begrief gewesen sich zu entfernen. Aber oh weh da hatte er noch erst eine Kugel durch den Hinterkopf bekommen. Da hatte er aber noch laufen können zum Verbandsplatz. Er hieß mit Namen Wilhelm Jürgens und stammte aus Eutin an der Ostsee. Ich habe nachher noch mehren Jahre Briefwechsel mit ihm gehabt. Der Unterofzier war ein geborner Berliner, war 2½ Jahr in Potzdam bei Lehrbatl. gewesen, somit kaum 20 Jahre alt. Wir titulirten uns gegenseitig mit Du in unsere Behausung. Er konnte fertig französchis Sprechen und Schreiben, deshalb war er auch auf diesen Posten gestellt, um mit den Herren Pfaffen auszukommen. Wenn Dieselben auch Deutsch verstanden, so thaten sie doch, als verstünden sie nichts. So kam denn auch oftmals wenn der Unterofzier anwesend war, ein junger Pfaffe zu uns auf die Stube um sich von dem Unterofzier unterweisen zu lassen in Schrift und Sprache. So gerieten wir denn auch mangmal wegen des verschiedenen Glaubens in Streitigkeiten, wo denn der Pfaffe sehr hitzig wurde. Wir ließen uns aber nicht aus dem Gleichgewicht bringen. Da wir auch ja ein neues Testament im Besitz hatten. So sagte denn der Unterofzier Ruhser schlag mal auf, wo steht das und das geschrieben. Ich aufgeschlagen und legte es vor den Unterofzier hin, wo der Unterofzier denn auch den Dolmetscher spielte, wenn der Pfaffe etwas nicht verstanden hatte. Nun ich kann hier ja einfach sagen, in der Liebe wusten wir denn ja wegen unseres Glaubensbekenniß besser Bescheid als der Pfaffe. Ob da etwas zu Ohren der Provesoren gekommen war, weiß ich nicht. Genug unser Pfaffe kam nicht wieder, obgleich wir sonst doch friedlich bei unsern Streitigkeiten auseinander gingen. So kam denn auch ja die Fastenzeit heran wie wir dort waren. Also gehungert wurde deshalb nicht, wenigsten bei den Pfaffen nicht. Aber Dienstags und Freitags gabs kein Fleisch zu essen. Ist auch garnicht nötig, denn Heut zu Tage seit 2 Jahren giebts die ganze Woche nur einmal Fleisch und dan auch nur eine Probe von 100 Gram. Beim Militar wurde sich deshalb nicht darum gekümmert, da wir doch die Meisten Evangelischen Bekentnißes waren und die anderen machten sich auch nichts daraus. Ich hatte in Kiel auch einen Stubenkamerad welcher Israeliet war. Der kaufte sich auch oft Schinken und Mettwurst. Wenn dan einer sagte: Heimann du darfs kein Schweinefleisch essen, so gab er zur Antwort, es schmekt aber gut. Also unser Essen (oder der Koch vielmehr) in der Anstaltsküche. So hatte ich denn eines Morgens ein recht so schönes Stück Rindfleisch von 4½ Pf. für uns 3 Personen auf 2 Tage erhalten. Es war ohne Knochen also recht geeignet zum Beefsteak wo es auch auf vorbereitet wurde. Wie ich das Fleisch denn mit einem hölzernen Schlägel auf dem Block bearbeitete ehe es der Koch in die Bratpfanne that, kommt ein alter Pfaffe durch die Küche und sagt es ist Heute Fasttag, gab der Unterofzier zur Antwort. Wir fasten nie, wir essen wir hungrich sind und etwas zum Essen. Also Protestand und ging ab. Es waren daselbst 2 Köche und 4 Küchenknechte die ihres Amtes walteten, welche sich alle kitzelten über das Gespräg. Also die Mahlzeit mit dem Fleisch war denn für 2 Tage berechnet. Aber wir bewältigten sie oft an einem Tage. So kauften wir, wis die Pfaffen machten an den Fasten Tagen Fische welche Fastenspeise ist oder sonst brateten uns Spiegeleier. Auch nicht schlecht um satt zu werden wenn man blos das Nötige dazu hat. Die Köche kauften denn auch Fische für uns mit das heißt für Bezahlung, ob sie es aber wieder in Rechnung gebracht haben, daß ging mich denn ja nichts an. Eier kaufte ich gewöhnlich selbst ein Dtz. für uns drei und briet sie unter die Aufsicht des Kochs. Auch das Erbsenbraten habe ich erlernt. Also erst werden die Erbsen beinahe weich gekocht. Dan in ein Tuch gethan und mit einen hölzernen Schlägel auf den Block geschlagen bis sie alle gleichsam gespalten sind in zwei Hälften. Dan Butter in die Pfanne und geschmolzen dan die Erbsen und feste in Butter geschmort, das sie ein wenig braune Färbung annähmen. Ich sage ein Prachtvolles Essen für den der sie mach und einen Schluck Wein dazu. Also das Geld für Fisch und Eier nebst jeden Tag eine Flasche Wein zu 6 Groschen bezahlte ich aus meiner Tasche, von dem Erlös und Verdienst aus dem Brodt. Der eine Koch hieß Franz mit Vornamen war 60 Jahre alt und noch so schlanck. Wenn zufällig nichts auf dem Küchentisch stand, setzte er die Hand darauf und schwang überhin. So führten wir ein ganz Herrschaftliches Leben daselbst. Alle Tage gut zu essen und zu Trinken, wie ich es bisher noch nicht wieder geführt habe. Denn wenn ich etwas bratete, so sagte der Koch einfach nehmen sie nur Butter. Eine Tonne stand unter dem Küchentisch nahe beim Herd, von 1 Zentner Inhalt des köstlichen Fettes. So lernte ich eigendlich praktisch braten und kochen unter der Aufsicht des Koch. Aber die Hauptsache ist immer wenn man das Nötige zum Kochen dazu hat. Also um halb 8 Uhr stand ich gewöhnlich auf um Kaffe zu kochen, erst that ichs auf den Ofen in der Stube, nachher ging zur Küche. Erst zerdrückte ich die Kaffebohnen noch mit einer Flasche auf der Fensterbank nachher ging ich aber zur Küche und that sie in einen Mörser eine Mühle war nicht vorhanden. Da fütterte ich denn um 8 Uhr meinen Unterofzier u. Kameraden noch im Bett ab. Beim Mittagsessenkochen waren denn die andern Beiden auch oft zugegen. Wie ich denn noch erwähnen möchte war der Unterofzier ein geborener Berliner. Sein Vater jedoch ein geborner Pariser, welcher sich als Tischlergeselle in Berlin verheiratet hatte. Auf diese

Weise konnte der Unterofzier fertig Französisch Sprechen und Schreiben. So kam denn der Waffenstillstand am 29 Jan. zu Paris und so wurde am andern Tage um 12 Uhr Mittags Viktoria geschossen. Da kam denn, wir saßen bei Mittagstafel ein alter Provessor und erkundigte sich was passiert wäre. Wir wußten es Abends schon da war der Unterofzier auf dem Etappenkomando gewesen. Der Unterofzier gab denn zur Antwort Paris hat Kapitulirt. Für euch eine Freude und schlug die Tür wieder zu. Das andre Volk jedog glaubte Gardibaldie[70] wäre wieder im Anzuge und kletterte auf den Dächer und höher gelegenen Orten. Oha. Da wurde es denn auch schon an allen Ecken auf Deutsch und Französch angeschlagen das Paris Kapituliert hätte. Da hättet ihr mal sehen müßen wie sie dastanden und gestulierten auf die Grant Kaschungs de Prüsengs. Allons dutzwit de Allemanns[71]. Na immer ruhig Blut. Es kochte aber. Dan wurde es auch etwas unsicher wenn man allein auf der Straße ging. So wurde mir mein Gewehr auch von der Comp. genommen. Wo ich jedoch gegen Protestirte. Ich sagte das wir doch gezwungen wären wenn wir keine Einquartirung hätten uns stets des Nachts unsere Thür verrammelten um einen Ueberfall vorzubeugen, hatten wir Nachts sogar unsere Gewehre geladen. Da ich denn jetz nur ein Cchassepotbajonet[72] hatte, wurde mir dafür Säbel welcher von den Oestreicherschen Landwehr von 66 stammte darfür ausgehändigt. Die Klinge war so ungefähr 2 Fuß lang und scharf wie ein Messer zum Brodt schneiden. So habe ich damit am 22 März Abends als wir den 1ten Kaisersgeburtstage feierten einen Schlag damit ausgeteilt. Wie um 10 Uhr zu Hause ging am Wall entlang zu meinem Quartier. Begegneten mir 2 Männer des Weges. Der eine ging auf der einen Seite und der andre auf der andern Seite ich denn ja in der Mitte des Weges. Ich hatte die linke Hand stehts auf das Hangrief[73] ruhen. Ich grief auch sovort mit der rechten Hand zu und als die Beiden auf mich zu stürzen wollen. Reichte dem mir zu nächst denn einen solchen Hieb über den Schädel von der Seite das er dahin stolperte und der Andere zurück pralte. Um mich zu decken nahm ich denn Reisaus, da noch in vielen Ställen Licht brandte. Sonst

70 *Garibaldi unterstützte Frankreich mit einem italienischen Freiwilligenkorps.*
71 *sinngemäß vermutlich: „Lasst uns sofort zurück nach Deutschland gehen" (?).*
72 *Ein Chassepotgewehr ist das französische Infanteriegewehr M 1866.*
73 *Handgriff.*

hätte ich mich den andern auch noch vorgenommen. Ich war denn sonst in guter Verfassung. Son lütjen Harwin Söben har ik sitten auf der Heimreise. Nun es war gut das mir Keiner mehr begegnete den hätte ich ohne Unterlaß einen verzetzt. Da zu der Zeit wie Paris kapitulirte, hatte ich mich schon recht bisgen heraus gefressen und meine Löhnung vom Feldwebel erst am 2ten Tage nach dem Löhnungs Appel holte, was dem Feldwebel nicht recht paste und genehm war, wollte er mich ablösen lassen. Wo ich jedodog nicht mit einverstanden war da ich doch ein gutes Quartier hatte, und ich mich in der Hinsicht garnicht verbessern konnte. So trag ich denn mein Anliegen dem Unterofzier vor. Er machte sich denn auch schleunigs auf die Socken nach dem Etappen Komando, daß wir unterstellt waren. So bekam er ein Schreiben von dort mit an dem Feldwebel mit dem Bemerken da ich mich sonst nichts in meinem Dienst daselbst nichts zu Schulden kommen lassen hätte mich da zu laßen, da ich mit dem Dienste betraut war. Da von dem Ersatz am 6 Jan. schon bei Le Mans am 12 Jan. mehrere gefallen waren sollte ich zur Front zur Ausfüllung der Lücken. So bekam das Ersatz Batl. am 6 Febr. einen frischen Ersatz Rekruten aus der Heimat. Wo denn auch mehrere mir aus der Heimat Bekannte darunter waren. So blieb ich denn auf meinen Posten, Nicolaus hatte es hier ja auch viel besser, alle Tage gut zu Essen und Trinken, mein Herz was willst du noch mehr. Konnte 12 Stunden schlafen und durfte kein Postenstehen nee es was viel besser so. Ich schrieb deshalb auch stehts die Worte in den Briefen an Eltern und Liebchen: Ick leev as Gott in Frankrik. So hatte ich mich denn auch schön etwas auf den Leib gefressen. Wie ich in Rendsburg wieder ankam wog ich das anständige Gewicht von 167 Pf. Bei meinen Dienst Antrit wog ich 137 Pf. und zeit dem Frühjahr 1869 auch noch um die Länge von 2 Zoll Reihnnisches Maaß[74] gewachsen also 1 Meter und 64½ Centimeter die ganze Länge. Meine Knopfe im Rock saßen ganz an der Kante um den Bauch umzuspannen. Das Fett ging nachher aber wieder verloren als keinen Wein mehr zu der Menasche gab. So war der Friede denn am 3 März geschlossen obgleich er im Mai rechskräftig wurde. Obwohl Napoleon seine Entlassung bekommen hatte war es doch noch nicht ausgemacht welche Regirrung Herschen sollte, so mußte auch dieses erst von ihnen selbst mit Blut unterschrieben werden. Das war ja

---

74 *Rheinisches Maß: 1 Zoll = 2,1654 cm.*

denn ihre eigene Sache. So sollte denn erst unser 85 Regt.[75] in Metz stationiert werden, aber die Stadt Rendsburg hatte darum angehalten ihr Regt. wieder in der Garnison zu behalten. So wurden wir am 27 März 71 wieder nach Rendsburg befördert. Denselben Datum feierten wir im vorigen Jahr die Hochzeit von Hans Mohr und Margarethe Strüven hier in Süderau und jetzt saß ich im Packwagen weit von zu Haus. Nun alles hat seine Zeit. Ich wäre noch gerne dageblieben denn das Etappen Komando sollte noch bis zum Oct. daselbst bestehen bleiben. So wollte der Unterofzier aber lieber abgelöst werden, um nicht übergeschlagen zu werden wegen des kapituliren des Dinstes und der andre Kamerad wollte denn ja abgehen als Invaliede war auch schon 28 Jahre alt, der wurde doch auch nach dem Alter bald entlaßen. So mußte ich denn auch ja die Heimreiße mit antreten. Soviel hatte ich damals schon raus daß das Drücken von Comp. Dienst eine schöne Sache war, was denn später auch fertig gebracht habe. Also in Rendsburg am 1 April angekommen, kam ich mit 18 Mann im Bürgerquartir in der Königstraße bei einem Kaufmann Namen Engeland. Wir kampirten in der 1ten Etage über einen Pferdestall auf dem Hof hinter dem Hause. Na da hatten sich aber noch sehr viel mehr ihr Quartir aufgeschlagen, kleine und auch große Persöhnlichkeiten. In den Betten die Kleinen aber nicht so wenig und unter den Betten etwas wieniger aber desto größer Persöhnlichkeiten. Die Kleinen wollten uns persöhnlich, die Großen jedoch unser Speck und Brodt. Mit den Kleinen mußte sich ein Jeder selbst abfinden die Großen mußten jedog Gemeinschaftlich bewältigt werden. Ueber die Großen wurden wir leicht Herr. Den zweiten Abend fingen wir schon 13 auf einmal. Wir hatten nähmlich eine Tischplatte von 10 Fuß Länge und 2 Fuß Breite. Dieselbe wurde schräg hingestellt, einen Stock von 2 Fuß Länge als Schrägstütze mit einen Faden daran. Den Faden nahm ich die Hand, da ich unten in der Ecke lag am weitesten vom Fenster entfernt. So konnte ich ja denn auch am Besten sehen was darunter vorging. Wir hatten auch kaum uns 10 Minuten ruhig verhalten und still gelegen als sie unter meinem Bett aufmaschirten unter die Tischplatte. Wo wir denn ja Brod und Wurstpelle zum Fraß hingethan hatten. Ein Ruck von mir und 13 waren gefangen. Raus aus den Betten

---

75 *Holsteinisches Infanterie-Regiment Nr. 85, ab 1889 Infanterie-Regiment „Herzog von Holstein" Nr. 85.*

und Hurah geruffen das es so halte. Des andern Morgens mit Tages An-
bruch kam denn das Mädgen von dem dort oben wohnenden Bezirks
Kommadeur des Oberstleutnant von der Heide und ließ Erkundigen
einholen, was es gestern Abend noch spät pasirt sei wegen unsers Hurah rufen. Wir waren gerade dabei und beförderten die Toten zum
Fenster hinaus. Das Mädgen schlug die Hände über den Kopf zusammen, als sie die vielen Ratten sah und eilte hinweg ihrer Herrschaft die
Botschaft zu bringen. Es dauerte denn auch nicht lange als der alte Herr
aus dem Fenster kuckte und mit dem Kopf schüttelte wie er die vielen
Ratten da liegen sah. Wir hatten sie auf einem niederen Stalldach geworfen. Wir haben aber noch recht viele von diesen Dingern ins Jenzseit
befördert. So kamen da der Krieg vorüber war, denn die Gefangenen
wieder nach ihrer Heimat Frankreich. Sie waren im Traindepo untergebracht. Hatte ich vor der Zeit die Strohsäcke gestopft, wie sie ankamen,
so hatte ich jetz das Vergnügen sie wieder zu entleeren. Obgleich die
Franzosen abmarschirt waren, so waren doch viele Diserteure zurück
geblieben und sich niedergelaßen in den Strohsäcken verstekt. Welche
wir denn auch an die frische Luft beförderten. Also da das Stroh schon
kurz war, von den vielen Rennen der Insassen. So wurde es ausgeschüt-
tet auf den Wagen geladen, aufs Feld gefahren und angezündet und den
Flammen übergeben, so starben noch viel Insassen den Märterer Todt[76].
Die Säcke wurden denn umgewendet das Innere nach Ausen und die
Nähte geschabt und aus und abgebürstet. Dan wurden sie einer Cche-
mischen Anstallt zu weiterer Reinigung überwisen. Also zu dieser Reinigung gingen wir auf die Hauptwache und endkleideten uns gänzlich
und gingen dan nackt wie von Mutterleibe geboren über die Straße zum
Traindepo hinein. Zogen daselbst ein Hemd und Hose notdürftig an
und verrichteten unsere Arbeit mit den Binen daselbst. So zogen wir
uns Mittags und Abend denn im Traindepo wieder aus und kämmten
aus ehe wir wieder den Weg über die Straße nach der Wache antraten.
Da waren denn so 3 bis 4 Wochen mit hingegangen als wir damit fertig
waren. Dan kam denn unsere Landwehr aus dem Feld zurück, und wurde entlassen. Da wir uns denn freiwillig zur Endlaußung gemeldet hatten. So wurde uns denn auch das Reinigen der Gewehre übertragen. So
standen wir denn unter Aufsicht eines alten ausgedienten Feldwebels,

76 *Märtyrer Tod.*

welcher im Algemeinen Schmergel Vater genannt wurde. So die Gewehre alle auseinander genommen wurden um von Schmutz und Rost gereinigt zu werden und dan wurde alles eingefettet und von einem Schloßer zusammengesetz. So gingen auch daselbst 4 Wochen mit hin. Alsdan kam das Regt. denn auch wieder in Rendsburg an. Anfänlich sollte es ja in Metz bleiben. So blieben von den Schleswig Holsteinschen Truppen nur die Uhlanen in Strasburg und die Dragoner in Skt. Awoldt[77] zurück. So wurde nach der Heimkehr das Ersatz Batl. aufgehoben. Ersatz Reserve und Reserve entlassen. Die übrige Manschaft wurde denn auf die 12 Comp. verteilt wo ich denn auch zugehörte. Die ersten beiden Batl. blieben in Rendsburg und das Füsielier Batl. wurde nach Kiel verlegt. Vor dem Kriege hatte es in Eckernförde in Garnison gelegen. So wurde ich denn mit ausgesucht nach Kiel zum Füselierbatl. Was ich mir schon längst gewünscht hatte. Am 23. Juni kamen wir in Kiel an, wurde bei der 12ten Comp. eingestellt. Erst waren wir 8 Tage im Bürgerquartier, bis wir die Kaserne an der Ecke der Berg und Muhliusstraße bezogen. Unsere Comp. hatte ein gutes Los gezogen. Alle Stuben bis auf 2 waren in der 1ten Etage No. 87+88 jedoch auf der Zweiten. Ich lag bis zum Herbst auf der Stube 57 mit 10 Mann und den Sergeanten Immelmann als Stubenältester. Derselbe Sergeant war eine sehr kleine trötige Persöhnlichkeit in dessen Koporalschaft ich auch stand. Er hatte stehts etwas zu quarken und zu quasseln auf der Stube. Dabei war er denn etwas eklich beim Essen und Trinken z.B. wenn einer Brod kaute und trank dazu aus dem Wasserkrug. So thats ich ihm denn auch zum Trotz. Dar rotzte er mich an, ich sollte mich einen Napf dazu anschafen damit ich nicht immer mit meinen venerischen[78] Schnabel in den Krug zu stecken brauchte. Das wurmte mich, denn ich war sicher das er Geschlechtskrank war. So sprach ich denn mit meinen Kameraden Blunk darüber wie ich es machen sollte, um den Kerl von Serganten einen anzuwischen. Also wie des andern Morgens der Unterofzier du jour kam und alles gesundt sagte und fragte. Ich mich meldete zur Untersuchung bei Arzte. Fragte er mich was mir denn fehlte. Ich sagte ich wüßte es noch nicht. Also beim Feldwebel gemeldet fragte derselbe denn ja auch. Ich sagte denn den gestrigen Vorfall, er riet mir davon abzustehen, aber ich müßte es selber

---

77   *St. Avold in Lothringen.*
78   *Geschlechtskrankheiten = Venerische Krankheiten.*

wissen was ich thäte. So spatzirte ich denn nach dem Lazareth zur Untersuchung. Es war jedoch gut das der Stabsartzt nicht zugegen war, denn der hätte mir sicherlich bei den Ohren gefaßt für meinen Gang zum Lazareth. So war denn blos der Assistens Artzt anwesend. Nun was wollen sie denn hier, ich wäre doch sicherlich nicht kranck. Ich sagte denn aber, daß es der Sergeant Immelmann gesagt hätte so u. so. So möchte ich doch Gewisheit haben ob ich richtig gesund wäre. Trug den Vorfall mit dem Sergeanten vor, mich deshalb vom Artzte untersuchen und beglaubigen zu lassen. So wurde ich denn für Gesund befunden und entlassen. Aber ich hätte jetz doch eine Bitte an den Herrn Artzt darauf zu bestehen, daß selbiger Sergeant ärtzlich untersucht würde. Da ich bestimmt wußte das derselbe Geschlechtskrank war. Sonst würde ich es dem Herrn Hauptmann melden. Nun wars gut. Mittags nach der Parole, bekam Sergeant Immelmann den Befehl, sich sofort nach dem Lazareth sich zu begeben zur Artzlichen Untersuchung. Aber was nun, der Herr Sergeant kam er nach reichlich 3 Wochen wieder zum Vorschein. Ich hatte während der Zeit beim Feldwebel angetragen mich auf eine andere Stube zu verlegen, was mir auch bewilligt wurde. So hatte unsere Coporalschaft auch einen andern Unterofzier bekommen und ich kam denn auch ja nicht soviel mit Herrn Immelmann in Berührung. So ward ich nach der großen Stube 88 verlegt, daselbst waren wir denn ein Unterofzier und 22 Mann anwesend. Da gings denn auch stehts lustig her. Ich erhielt mein Bett denn unten auf dem rechten Flügel der Thür zunächst. Aber mit einem fast leeren Strohsack. Ich aber gut mit dem Burschen der Pferde des Herrn Major betraut, schmuchelte mich so viel Stroh zusammen das er bald gefüllt war. So kam denn der Sergeant endlich bei der Comp. wieder an und meldete sich dem Herrn Hauptmann aus dem Lazareth entlaßen zurück. Bekam denn wie es so üblich war, drei Tage Mittel Arrest wegen nicht freiwilliger Anmeldung einer Krankheit. Wie er sonst eigendlich der Liebling des Herrn Hauptmannes war von allen Unterofzieren. So erhielt er aber jetz eine schöne Strafpredigt vor der Comp. von ihm über den Vorfall. Wo er mich dan auch recht scharf ansah. Ich aber dachte liiks mi in Maar und klei die wat jöökt! – Ich muß noch mal etwas weiter wieder zurück greifen, wie ich am 23 Juni 71 zur 12ten Comp. versetz wurde. Da hatte ich in meiner 8 Monatlichen Dienstzeit noch nicht viel mit der Waffe Dienst gethan, wie der Leser denn auch wohl schon eingesehen hat. Ich war ja am 18 Oct. 1870 eingetreten und 6 Jan. 71 so zu sagen auf Arbeits und Etappenkomando gewesen auserhalb der Comp. Das wurde denn auch ja bald bekannt in der Comp. So mußten wir als Schwannbrüder und hauptsächlich als Drückeberger herangezogen werden. So gings Bimsen wieder los. Eigenlob stinkt freilich wie man sagt. So muß ich doch hervorheben, daß ich meinen Dienst mit der Waffe eben so gut wie die Andern und noch besser dazu wie Viele von ihnen. Aber mit dem strammen Maschirren stellten sich auch wieder Schmerzen ein in den Gliedern. Das war denn ein schlimmer Facktor für mich. Da ich denn sonst als Drückeberger bekannt war, so glaubten meine Vorgesetzten ich wäre ein Simultant. Was wir (da der Herr Hauptmann auch schon von Speziefaktie ein reigen gegen mich geäußert hatte) sehr zu Gemüth nahm und hätte ers gethan, mein Wille war ihn durchzustechen mit dem Bajonet. Es kam jedoch nicht soweit dazu. Nachdem ich schon mit Tränen in den Augen versichert hatte nicht besser maschieren zu können. So ich denn ja in und außer dem Dienste stehts Munter und Vergnügt war, was mein Temperament ja von Jugend auf war, und mich jetz auch noch nicht verlassen hat und abhanden gekommen ist. So wurde ich denn auch 2 Mal mit einer halben Stunde nachexerzieren bestraft, wegen nicht zurückziehen des rechten Zeigefingers bei Gewehr in Ruh setzen. Mich deshalb zur Rede gestellt, weshalb ich den Zeigefinger nicht Ordnungsmäßich an den Mittelfinger anlegte. Dan konnte es auch vorkommen wenn wir stramm maschirten und Halt Front kommandirt wurde ich nicht mit dem rechten Fuß forsch beitrat, und eben wie es Sitte war bei Rührt euch den linken Fuß vorsetzte aber gleich wieder zurück zog um meinen rechten Fuß zu ruhen. Wo mir dan das rechte Bein zu zittern anfing. Da der Ofiezier ein scharfes Auge für Alles hatte, so kam er denn heran und frug warum ich denn meine Stellung stehts gleich veränderte. So erzählte ich ihm denn wies sich damit verhielt. So mußte er sich denn auch davon überzeugen obs sich wirklich so verhielt wie ich aussagte. Uebergab den altesten Sergeant die Comp. zum weiter Exzirren. Rief noch 2 Mann zu sich, und ging mit uns nach den Alleebäumen des Exirzierpletzes welche damals die Dicke von 30 Centm. Durchmesser hatten. Also mußte ich mich mit dem Rücken am Baum stellen, ein Mann hinter den Baum und die Hände um meinen Bauch gefaßt. Der andre hob das rechte Bein beim Fuß in wagerechte Höhe und hielt fer. Da drückte erst der Leutnant mit den Händen das Knie um es durch zu drücken was ihm nicht gelang, dan setzte er sich mit seinem Körper Gewicht von 170 Pf. Darauf, daß mir die Tränen aus den Augen traten, aber dennoch nicht durchdrücken konnte. Ruhser so viel Kraft haben sie nicht, daß ich es nicht fertig gebracht habe es durch zu drücken, ich glaubts ihnen. Dan vergewisserte er sich auch noch mit der Hand Arm. Zeigte ich auch noch die Beweglichkeit der linken Hand und des Daumens, wo er ein Lächeln nicht unterdrücken konnte, da dieselbe schlanker war wie die Seinigen. Da sie abgespant sind, so nehmen sie ihr Gewehr und gehen zur Kaserne. Gab mir die Hand, sagte ich sollte ihn vertrauen, daß weitere würde er veranlassen. Den andern Tag hatte er den Dienst Nachmittags beim Turnen und Bajonettiren. Da hielt er wieder Umschau nach mich wie ich über den Kasten sprang. So setzte ich denn ja bei den Hände aufsetzen, die rechte geballt auf, weil ich sie nicht glatt aufsetzen konnte. So mußte er sich denn ja auch davon überzeugen wegen die von mir gemachten Aeserungen. Durch die Fürsprage des Leutnant, entschuldichte sich denn auch der Feldwebel, sich mir gegenüber sein das mir von ihm erwiesenes Verhalten. Da ich eine gute Handschrift führte, so mußte ich bald Aushielfe beim Feldwebel leisten und wurden die besten Freunde. Da der Feldwebel die Mutter der Comp. genannt wird, so war ich denn jetz eins der besten Kücken der Comp. Also fein heraus. Also kurze Zeit waren wir wieder beim Exirren auf dem kleinen Exirplatz Gliederweise. Wie nun stillgestanden wird platziere ich noch wärendem meinen Prim von einer Seite des Mundes zur andern Seite. Das wird der dan uns kommandirender Herr Sergeant Breuer gewahr. Also der Kerl mit seinem großen Stift macht noch Maulaffen. Flugs ist er bei mir und fährt mit seinen großen Fäusten mir ins Maul. Ich in der Geschwindigkeit beiße ihn auf den großen Finger, er stöst mich zurück. Der Hauptmann nicht weit entfernt trit an mich heran, weshalb ich mich rühre, da die Andern still stehen. Ich den Mund voll Blut drehe mich seitwärts, da ich auf den linken Flügel stehe um auszuspuken. Man darf doch nicht vor einen Vorgesetzten ausspuken und sagte dan, der Herr Schersant wollte mir den Stift aus den Mund reißen. Muß wieder ausspucken, während der Hauptmann sich nach dem Sergeanten um sieht. Der stand wie eine Bildsäule und das

Blut tropfte von seinem Finger nur immer tropf,tropf zur Erde. Also Beide verwundet. Ja der Kerl hat mich gebissen. Der Hauptmann ergrimmt darüber. Da ich auch noch fortwärend ausspucken mußte, er hatte mir das ganze Zahnfleisch kaput gerissen. Ruhser nehmen sie ihr Gewehr und verfügen sie sich zur Kaserne. Also Gewehr auf, Kehrt gemacht und ich schob mich ab. Der Sergeant blieb da. Mittags nach Parole kam der Herr Sergeant auf 48 Stunden Urlaub zum Brummen, wegen Mißhandlung eines Füsiliers. Ha ha ha ich habe gelacht und die Andern auch. Der Herr Hauptmann war sonst nicht eben von der besten Sorte. Aber in solchen Angelegenheiten war er fürs Rechte. Er hatte strenng befohlen sich an Keinem zu vergreifen. Das Bestrafen behielt er sich vor, sie konnte es nur blos melden bei ihm. Na dieser Breuer war der beste Bruder auch nicht, ich habe noch mehr mit ihm gehabt. Es waren noch keine 4 Wochen vergangen als wir wieder auf Exierplatz waren und Gliederweise Maschirten. Ich stand sonst im 3 Gliede des 3ten Zuge in der Mitte. So aber die Comp. abmaschirte hatte ich mich auf dem Linken Flügel der Comp. mich zu begeben. Also hatte Sergeant Breuer unser drittes Glied unter der Fuchtel. Also Stillgestanden, Gewehr über rechts um Batl. Marsch. Da war ich ja der letzte Mann. So kam er denn auch an meiner rechten Seite und schlug und stieß mir mit der Säbelzwinge am rechten Bein und im Kniegelenk. Es dauerte aber nicht lange, so wurde es der Herr Leutnant v. Ferkenbeek gewahr. Rief ihm zu ob es noch von dem Stift wegen wäre. Ob er nicht wüßte wenn wir so maschirten, wo seine Stellung wäre? Da wars alle. Dan noch einen Fall mit dem Breuer. So hatte ich denn auch ein Gewehr No. 232 das hatte schon 1864, 66 u. 70 alles mitgemacht und deshalb auch sowoll Rostflecken und beim Korn gehörig von Löcher war. Dazu schoß es auch so unsicher auf 300 Schritt 2 Fuß zu weit links. So hatte ich mit dieser Knarre so leidlich alle Bedingungen erfüllt bis auf dreihundert Schritt. Da schoß ich noch eine Zwölf. Der Leutnant Ferkenbeek welcher neben mich gestanden hatte und beobachtett hatte sagte schieß der kerl noch eine 12. Trat an mich heran und frug wo ich denn hingehalten hatte. Ich sagte und gab zur Antwort. Eben rechts von der Scheibe, wo die Sonne auf einen Flintstein scheint. Nam mir die Knarre aus der Hand und ließ laden. Wehe wenn es sich nicht so verhält. Also paf der erste Schuß vorbei gemeldet. Frisch geladen ein 8 links. Eine dritte geladen, jetzt sagen sie mir noch einmal wo sie hingehalten haben. Wie ich vorhin sagte. So wollte es das Glück das die Sonne wieder hervortrat und den Stein beschien das er funkelte. Der Schuß krachte eine Elf wurde gemeldet. Da nahm er die Knarre u. warf sie von sich ins Gebüsch. Mit den Worten, das warum ich das nicht schon früher gemeldet hätte. So wollte es denn das Glück das mein Unterofzier zugegen war, welcher laden ließ auf dem Stand und der Herr Breuer als Schießunterofzier war auch zugegen. Ich sagte das hätte ich schon mehrmals gemeldet, na und denn, dan bekam ich zur Antwort, ich könnte bloß nicht zielen. Herje wie braußte er auf. Ich dachte schon er würde den Degen ziehen und sie die Beiden den Unterofzier aber haubtsächlich den lieben Herrn Breuer. Mit den Worten ich werde das Vorkomniß erledigen wurden wir entlassen. Ich sammelte alsdan mein Gewehr auf und maschirte ab. Eine Stunde nach der Parole kam schon mein Unterofzier und tauschte mein Gewehr um. Dazu erhielt ich aber jetzt eine Spiegelblanke Braut Gewehr No. 106. Ich hielt sie auch gleich einer Braut im Arm so glücklich war ich darüber. Nun am andern Morgen um 7 Uhr standen ich der Herr Leutnant, Herr Breuer und 2 Scheibenarbeiter auf den Scheibenstand und ich mußte die ganze Uebung durchmachen. Schoß alle 11 Distanzen hindurch und erfüllte alle Bedingungen aufs Beste. So hielt der Leutnant noch eine kleine Strafpredigt wegen dem Vorgefallenen zur Endledigung. Wieder zog ich mich die Mißgunst des Herrn Breuer zu. Es war mir auch schnuppe mit so einem Vorgesetzten. Ich wußte waß ich zu thun und zu lassen hatte. Wurde deshalb so vielmehr von meinen Kameraden geliebt, was mir mehr lieb war. Er hat mir auch deshalb kein Wort gegünt, wenn er nicht durchaus mußte, ich ihn auch nicht. Ich hatte mir aber mehr die Liebe der Ofziere und des Feldwebels erobert, was mir mehr werth war als Herr Breuer. Wie denn jetz er alle leichten Dienstanweisungen erhielt, als Aushilfe beim Feldwebel Ordenanzgehen u.d.gl. Als Posten stand ich gewöhnlich auf Hauptwache vor Gewehr oder bei Sei. Ex. Von Schimmelmann sowie auf der Nachtwache bei der Oberpost Direktion. So hatte ich daselbst auch einen Streich mit Zwei jungen Leuten zu bestehen. Die Beiden hatten wohl Beide einen zu viel über den Durst getrunken. So kamen sie denn daher gewackelt. Obgleich der Trittour daselb die Breite von 3 Meter hatte und ich mich auch seitwärts hielt aber mich doch anrempelten. Ich sagte nanu. Sie aber lachten und kamen auch bald wieder zurück um dasselbe Manöver auszuführen. Ich hatte mein Gewehr aber fest gefast. Darauf, als ich abermals einen Ruck bekam sogleich aber den einen einen Kolbenstoß versetzte daß er hinkollerte. Da der Andre ihm die Hand reichte ihn zu erfaßen, hielt ich denselben aber die Spitze des Bajonet entgegen mit den Ruf, weg oder ich steche dich durch. Da prallte er zurück. Ich lotzte denn den Gefalenen ja ins Schilderhaus. Stellte mich alsdan mit gefälltem Bajonet davor und sagte wenn er einen Tritt aus dem Schilderhaus wagen würde, ich ihn durchstechen würde. Der Andre hatte sich etwas entfernt. Da kam ein Premir Leutnant des Wegs daher. Er war vom Seebtl. Hielt ihn an und frug ob er die Wache nicht benachrichtigen könnte. Ich hätte hier einen Arrestanten. Darauf zog er gleich seinen Degen. Den kann ich gleich mitnehmen mein Weg führt bei der Wache vorbei. Ich erinnerte das sein Kompliese noch dort stände. Gut so und maschirte mit ihn ab. Vor einem Ofzier haben sie Respekt. Denn der fackelt nicht lange, der braucht sovort seine Waffe, wenn Wiederspenstigkeiten gemacht werden. Jedoch stehen den Posten Rechte zu gegenüber den Vorgesetzten in solchen Fällen, wie auch wohl jeder weiß wer Soldat gewesen ist. Was aus dem Arestandten geworden ist weiß ich nicht. Es wird ja Rapport von Wache aufs Rathhaus bestattet[79] und ein Polizizt holt ihn ab. Dan hatte ich auch noch einen Fall auf Wache zu erleben. Kommt da Polizeibefehl auf der Wache um Hülfe zu leisten in der Straße hinter der Mauer wo die Kontrollmädgen ihren Aufenthalt haben. Da machen 5 englische Matrosen Radau und schlagen alles kaput, da sie sich mit den Mädgen und Wirth u. Inhaber des Geschäfts entzwei haben. Also mein lieber Sergeant Breuer mit 5 Mann los. Zur Aufforderung wird mit Stuhlbeinen abgewehrt. Polizisten und Nachtwächter sperren es draußen ab das Keiner entweichen kann. Wir mit gefältem Bajonet stellen uns Einer hinter den Andern hin und mit ein Satz zur Thür hinein. Der erste ein Schlachter aus Kiel mit Namen Schacht ein großer kräftiger Mann spießt denn den ersten auf. Ich als zweiter spiese den Zweiten welcher jedoch dem Schlachter noch mit einem Stuhlbein einen Hieb versetz auf. Sodan ergeben sich die Andern und werden zur Wache geführt. Die Schlacht war denn ja geschlagen aber für Schacht gab es denn noch Paar Tage Nachwehen wo er denn

79   bestellt.

Dienstfreih war. Nun es dauerte nicht lange, so erhielt ich auch eine Probe davon. Hatte mich nehmlich freiwillig zur Wirtschafts Patrolje gemeldet, am Sonntag. Dan gingen wir mit einem Unterofzier und 3 Mann von einem Tanzlokal zum Andern als Polizeiliche Aufsicht. Sind eine Zeitlang im Tivolie am Exierplatz umgekehrt. Stehe am Pfeiler, die Uhr ist nach 9 und unterhalte mich da mit den Mädgen über dies und Jenes. Die welche denn keinen Sonntags Urlaub haben sind verschwunden. So komt denn da ein Satler von hinten und reicht mir einen Hieb vor den Kopf mit seinem Schaftstiefel. Der Adler vor dem Helm war ganz davon eingeknickt. Ich habe mich denn Paar Mal umgedreht und bin dan zwischen den Mädgen gefallen, wie sie sagten. Ich habe aber nicht lange gelegen, als ich wieder aufstand lag mein Held mir aber zu den Füßen, aber so zugerichtet, daß kaum Leben mehr darin war. Ich habe ihn hernach nicht wieder gesehen der hat Kiel wohl in aller Eile verlassen. Na wer den Schaden hat braucht für den Spott nicht zu sorgen, so erging es mir denn auch. Den andern Tag frug mein Kamerad Blunck denn auch, daß alle andern es hörten. Wie es da unten bei den Mädgen ausgesehen hätte ob ich mich nach oben umgeschaut hätte und dabei entdeckt. Was denn mit einer Lachsalve begrüßt wurde. So brummte mir der Schädel noch eine ganze Woche darnach und der Feldwebel meinte ich würde jetz wohl nicht freiwillig wieder auf Patrolje gehen. Aber jetz erst Recht. Blos um Revange zu vermeiden gab er mir keine Erlaubniß dazu. Es war auch wohl besser so. So hatte ein um 3 bis 4 Ctm. kleiner Kamerad wie ich den Sattler von hinten zu faßen bekommen und ihn aufgehoben und dan Niedergeworfen. Derselbe war von Beruf Schlachter stammte aus Altona hieß mit Namen Feilscher und verfügte nach seiner Körpergröße über recht viele Kräfte. Da ich denn ja zu allen Streichen aufgelegt war. So haben wir denn den 2 Kampf gegenseitig geübt. Also ganz nackt ausgezogen, eine Bettdecke auf den Fußboden ausgebreitet. Also Kehle Gesicht und Geschlechtstheile frei gelassen. Dan eins zwei drei von einem Kameraden kommandirt und das Ringen ging los. Wo wir uns denn ab und zu blutige Wunden mit den Nägel beibrachten. Gewöhnlich mußte ich die erste Bekanntschaft mit der Decke machen. Lagen wir Beide, dan war ich bald Oben, da ich sonst schlanker und gewanter war. Das wurde denn gewöhnlich dreimal wiederholt, dan war auch der Atem alle. Einmal kam sogar Abends der Herr Hauptman dazu. Da es denn auch ja hoch herging auf der Stube, so fragte er den Feldwebel, was da wohl vorging. Der Feldwebel denn einiges darüber berichtete. So kamen sie denn ja Beide nach unserer Etage herauf. Mit dem Ruf alle Stillsitzen und weiter Arbeiten und Rauchen traten der Hauptmann und der Feldwebel in die Stube und befahlen weiter zu Arbeiten. Nun wir ließen uns denn ja auch nicht stören in unserm Geschäft. Wunderte sich denn über unsern Zweikampf, das wir uns Gegenseitig die Haut aufritzten und nicht unsere Kleidungstücke dabei Mißbrauchten. Hauptsächlich lobte er unsere Kourage die wir dabei besäßen. Das wäre ein guter Ruf für seine Comp. Sagte wir mögten es denn nicht zu Arch machen, es könnte sonst auch ja bittere Feindschaft aus entstehen. Einmal hatten wir Besichtigung von S. Ex. Wrangel welcher unsre Division führte. Kam denn auch das 2te Glied entlang wo mein Zweikämpfer stand. So frug er ihn denn du büst wohl Schlachter. Ja! Dat dücht mie all. Du gaist nach son beten nah de Mool. Er hatte so etwas von einer niedrischen Khultur. So verging denn der Sommer und wurde mit zum Gefreiten vorgeschlagen nach Abgang der Reserve. Auser mir noch 2 Mann nehmlich der rechte Flügelman Lemke aus Altona, und ein Ditmarscher mit Namen Horstman so stand es uns frei, freiwillig Unterricht mit den Unterofzieren bei dem Adjudanten beizuwohnen. Na den Herren Unterofzieren waren wir in allen Wissenswerten weit überlegen. Da that der Adjudant denn auch mal die Aussprache, jetzt kann man sehen wer die Dumköpfe sind. Ich hatte auch erst Lust dazu Anfangs zu kaptuliren. Es ist freihlich eine Ehre für den Soldaten die Knöpfe zu tragen aber 12 Jahre seines besten Lebens hinzugeben und ein so karges Leben zu führen bei dem Sold. Nein das wollte mir nicht einleuchten. Nein ich bedagte mich. Da ich beim Feldwebel Einblick in das Geburtsregiester gethan hatte. So kam ich schon mit 2 Jahren zur Entlaßung. Also ich gab es dem Feldwebel zu verstehen, mich von der Liste zu streichen und den 3 Jahre Freiwilligen Wallmann dazu ausersehen. Das war der kleinste Mann der Comp. So wie denn auch des ganzen Regiments. Welcher denn auch Gefreiter wurde. Aber es dauerte nicht lange mit seiner Gefreitenlaufbahn. Die erste Wache die er als Wachhabender that auf Kasernen Wache, besoff er sich mit seiner Manschaft und wurde abgelößt. Dazu erhielt 7 Tage strengen Arrest dazu. Darauf als aus dem Arrest entlassen war, entfernte er sich über 48 Stunden von seiner Comp. und erhielt 6 Wochen strengen Arrest und entfernung der Knöpfe. So war er denn ganz hinfällig geworden mußte 14 Tage in Lazareth verweilen. Dan wurde ein Tischler Schrader Gefreiter. Ein richtiger Affe und eidler Mensch, dem es ja eine richtige Ehre war. Ich war auf diese Art nicht fitel, nein weg damit. An ist dan ja erst recht der Hund des Unterofziers. Hatte ich mir die Liebe des Hauptmanns und des Feldwebels getrübt. So mußte ich doch die ersten 4 Wochen wie die Rekruten da waren als Gefreiter die Schulausbildung derselben mit verrichten. Wo ich denn dadurch die Entlassung erhielt, daß ich mich denn den Rekruten gegenüber nicht so verhielt wie es wohl sein sollte. Denn ich war kein Lehrmeister, wie ich es sein sollte. Ein gutes Komandowort hatte ich, wo mich viele Vorgesetzten wegen beneideten. Aber was hilft alles wenn man keine Lust hat zum Geschäft, dan wird doch nichts daraus, so auch hier. Ich war und bin jetz auch noch viel zu Gemüthvoll zu solchen Sachen. Da sollte ich die Kerls schänden und tracktieren wie sie es mir eine Zeit lang gethan hatten, daß hatte ich nocht nicht wieder vergessen. Sonst hieß es ja im Gemeinen der Rekrut der die meisten Schläge bekommt, wird der Unterofzier der die Meisten austeihlt. Da hatte ich aber eine andre Einsicht darüber. Ja hätte ich mich die Herren Sergeanten vornehmen können, wars etwas Andereres, die hätte ichs wohl beigebracht? – ich muß noch etwas wieder zurück greifen. Im Sept. 71 welches Datum ist mir entfallen, wollte ich gerne auf Urlaub da Klaus Struve seine Hochzeit war, welcher ein Schulkamerad von mir war und neben mir gesessen hatte. Also da Sonntags die Hochzeit war, und am Freitag davor die Reserve zur Entlaßung kamen. So frug ich denn beim Feldwebel an ob ich nicht, da ich vom Sonnabend auf Sonntag auf Wache ziehen mußte nicht gleich nachdem Reisen könnte, wurde aber abgewiesen. Also mit dem Urlaubreisen hatte ich richtig Pech. Wie ich noch in Rendsburg war zu Pfingsten gings ebenso. Da wurden wir um Himmelfahr geimpft. Da die Pocken allenthalben sich sehen ließen so wurden auch wieder mal geimpft. Da nun viele Dienstuntauglich durch die Impferei geworden waren. So mußten wir Andern denn losen wer von uns vom 1ten auf den 2ten Pfingsttag aufziehen sollten. Natürlich Nicolaus war mit dabei auf Wache zu ziehen. Also von unsern 18 Mann Stubengenoßen waren 16 beurlaubt bis auf mich und den anderen welcher ein Schlesischer War, der doch ja nicht auf Urlaub fuhr. Na da hab ich mich denn so geärgert, daß ich des Nachts Alpdrücken bekam. Also zurück. Am Diensttage hatte mir der Feldwebel denn 10 Tage Urlaub erwirkt. Ich könnte Morgen schon Reisen und bis zum zweiten Dienstag ausbleiben. Aber Herr Felswebel ich möchte jetz lieber garnicht mehr Reisen 10 Tagen wäre mir überhaupt zu viel. Ich hätte jetz doch kein Intresse daran, daß koste mir denn ja blos Geld und das könnte ich hier doch besser gebrauchen. Sie sind doch um Urlaub eingekommen. Ja aber nur um Sonntags eine Hochzeit zu feiern, jetz hätte ich daselbst kein Vergnügen mehr. Nun ich mußte denn ja los. Ich kam denn auch ja schon Montags Mittag wieder in Kiel an und meldete mich zurück. Sie hatten aber doch bis Morgen Abend Zeit. Was hat denn das für eine Bewandniß? Waren sie denn Gestern nicht zu Tanz? Nein an beiden Sonntagen nicht. Denn auf dem Lande ist nicht jeden Sonntag Tanzmusick u.d.gl. Nun dan fahren sie zu Weihnachten auf Urlaub. Ja aber dan müßen wir den zweiten Tag Abends auch ja wieder da sein. Ich zog denn am Mittag Weihnachtabend auf Wache, hatte die erste Nummer auf Posten aufs Schloß. Wie ich Abends nach 7 Uhr zum zweitenmal auf Posten stehe, kommt Se. Ex. v. Schimmelmann mit eine Tüte Kuchen und 1 Thaler. Legt es ins Schilderhaus und sagt hier Ruhser lege ich ihnen das Weihnachtgeschenk hin, daß werden sie sich mit ihren beiden Kameraden teilen. Ich bedancke mich und wünschte ihm ein fröhliches Weinachtfest er danckte wie ich mich Gegenseitig. Wie ich denn abgelößt wurde nahm ich mein Geschenck denn unterm Arm und mit zur Wache. Aber wie ich auf die Wache kam, solltet ihr das Gesicht von dem Sergeanten Ritters sehen sollen fuhr der auf mich los, wie ich mich unterstehen könnte etwas auf Posten anzunehmen, daß wäre nicht erlaubt. Das würde er anmelden. Das könnte er meinetwegen auch ich würde nichts dagegen haben. Ich wüßte was ich zu thun und lassen hätte. Denn so könnte er den General Schimmelmann auch ja mit zur Anzeige bringen. Wegen Bestechung eines Postens. Da wurde er anderen Sinnes. Aber wie damals noch viele Unterofieziere und Sergeanten richtig dum waren, machen sich jetz viele keinen Begriff von. Da hatten wir mehrere die konnten ja kaum ihren Namen schreiben das er von allen Leuten gelesen werden konnte. Wahre Hilogripfen[80] malten sie in den Wachbüchern. So hatte der Feldwebel

---

80 *Hieroglyphen.*

zu Neujahr mich denn den Ordenanz Posten besorgt. Welchen ich denn auch 6 Monate inne hatte ohne Unterbrechung. So mußte ich denn Täglich 3 Mal zur Post, außerdem aufs Schloß, dan auch gewöhnlich 1 Mal zum Zahlmeister und mehrfach noch den Feldwebeln der Comp. Die übrige Zeit mußte ich denn Cauwerts im Beröu[81] kleben und dgl. So denn auch ja noch eine loße Stunden. Dan ging ich oft nach der Handwerkstube um zu klönen, wenn die Comp. außerhalb der Kaserne war. Ersann Streiche welche mir denn auch 2 Mal derbe Prügel mit der Klopfpeitsche und den Spanriemen der Schuster einbrachte. Also wir hatten bei der Comp. 5 gelernte Schumacher und einen gelernten Schneider mit 2 Flickschneidern. Dieselben wurden denn ja nur zum Comp. Dienst die Hälfte Zeit herangezogen. So hatten sich die Schuster denn allerlei Arbeiten aus der Stadt besorgt um sch einige Groschen zu verdienen während die Comp. außer der Kaserne war. So konnten sie wenn es ganz still war, es gleich hören wenn einer auf dem Koridor entlang kam. Dies wurde denn auch von mir ausgenutz. Wenn ich gewöhnlich kam in meinen Mußestunden, so ließ ich mich hören mit feifen oder brummen. So habe ich ihnen durch die leiße Ankunft von mir einen heilloßen Schrecken eingejagt. Da ich denn so lachte wie sie ihre fremde Arbeit so im Nu unter den Tisch verschwinden ließen. Ich auf meinen Stubenschlitschen kam zu Fall und wurde mit Spanriemen und Klopfpeitsche bearbeitet. Außerdem für 30 Pfennig Kümmel verdonnert. Sonst stand ich ja mit allem auf guten Fuß, wenn ich etwas zu reparirren hatte, bekam es gleich wieder, da ich eine mildgebende Hand hatte. Bloß mit dem Kammer Unterofzier was nicht so gut mit mir bestellt. So hatte ich mir auf Kammer Arbeit, einst schon ein Paar Halblange abseits gestellt, da die Meinigen schon abgetragen waren, so half denn der Comp. Schuster die Meinigen etwas nach zum Ausrangiren, von wegen des bisgen Entgegenkommen von mir. So hatten wir denn ja Stiefelappel, wo der Comp. Schuster mit zugegen war, um seine Meinung zu äußern ob reparaturfähig oder nicht. Nun meine wurden ausrangirt. Nun hatten wir vom Feldzug noch recht viele Stiefel, die nicht aufgebraucht waren. Kam auf die Kammer und suchte mir die betreffenden Stiefel hervor. Ja die passen wohl entrieß mir sie und warf mir die Alten auf den Hacken. Ich denn ja auf meine Stube. Der Hauptmann

81 *Kuverts im Büro.*

war in dieser Hinsicht aber gut. Befahl jeder sollte sich ein Paar passende Stiefel aussuchen, worin wir Maschirren konnten ohne Blaßen zu laufen. Nun hatte ich ein schönes Paar welche noch keine 14 Tage über einen Fuß gesessen hatten. Es dauerte nicht lange kam ein Kamerad und brachte die Nachricht mich sofort auf Kammer zu begeben und die Stiefel zu holen. Ich sagte ich könnte die Zwei Treppen nicht wieder hoch kommen, um meine Stiefel zu holen da er mir damit an den Hacken geworfen hatte. Na endlich kommt er selbst mit den ausgesugten Stiefeln und wirft sie mir vor die Füßen, das werd ich ihnen anstreichen wegen Dienstverweigerung. Ich sagte denn, ich werde Morgen, wenn bis dahin die Schmerzen nicht nachgelassen hätten mir Krank melden. Da wurde er baf und andern Sinnes. Machte Kehrt und empfal sich zur Algemeinen erheiterung der Stuben Insaßen. Spät Abends lies er doch Erkundigung durch den Unterofzier (vom Tage) wie es jetzt wohl heißt einziehen über den Zustand. Es war gar nicht so schlimm geworden, ich hatte nehmlich mit Absicht mit der Hacke an die Bettstelle geschlagen um Schmerzen zu bekommen und den Unterofzier Wilke auch wegen Mißhandlung ins Loch zu bekommen. Was jedoch der Feldwebel verhinderte, da er mir für einen Tag Revierschonung[82] gab, um weitere Unannehmlichkeiten zu vermeiden, und entstehen zu lassen. Mit der Mutter der Comp. es nicht zu verderben so fügte ich mich denn auch. Dan nach verlaufener Zeit, wurde meine andern Paar Stiefel auch reparatour bedürftig. Um keine Scherrerei mit dem Kammer Unterofzier zu bekommen, ließ ich mir durch den Comp. Schuster, ein Paar Sohlen besorgen aus der Stadt auf meine Rechnung. Wieder Stiefel Appel und ich dieselben vorzeigte. Er deshalb erbost, da er nicht wußte wie ich dazu gekommen, mich deshalb halbweg für einen Dieb halt. Ich behielt aber die Ruhe, bis er es dem Hauptmann gemeldet hatte. Das ich ohne Erlaubniß von ihm meine Stiefel besohlen lassen hatte. Da kam er aber schlecht weg, wie der Hauptmann sich dan erkundigte wie dies denn zu ging. Der Feldwebel richtete denn, während ich mit dem Hauptmann sprach drohende Blicke auf den Unterofzier. Der Hauptmann frug mich denn auch, da ich mir die Sohlen denn selbst gekauft hätte, ob ich so gestellt wäre mir solches zu leisten. Es aber nicht zuließ es aus meiner Tasche zu

82 *Aufenthalt im Krankenrevier.*

bezahlen, sondern den Feldwebel Befehl gab mir die 18 Groschen wieder zu ersetzen. Der Hauptmann lobte mich dan noch das ich auf gutes Fußzeug hielt und auch dasselbe der ganzen Comp. empfal. Ich war erfreut darüber daß es dem Herrn Wilkens einmal wieder vorbei geschlagen war mit der Stiefelei. Wie ich denn nun Ordenanz wurde, da hatten die Herren Unterofziere und Serganten auch ja schlechte Fühlung mit mir, um mich eins anzuwischen. Wie ich denn ja 2 gute Schlafkameraden auf der Stube hatte, so wurden wir Dreien gewöhnlich vom Stubenunterofzier auch das Kleeblatt genannt. Wir hielten denn auch ja stehts treu und fest zusammen als Pött und Teer. Mit Blunck ging ich oft aufs Glücksspiel in der dänischen Strasse, was eigendlich unerlaubt für einen Soldaten war aber riskirt wurde. Also wir spielten 17 und 4. Also wenn wir dahin gingen setzte wir stehts eine Feldmütze auf und steckte sie dan in die Roktasche, um wenn wir uns Unsichbar machen wollten uns ohne Kopfbedeckung verpissen konnten. Es waren daselbst allerlei nicht eben beliebte Personen anwesend. So hatte ich an einem Abend 14 Thaler und Blunk 6 Thaler uns erobert. Die wurden denn erst almählig wieder verjubelt, ehe wir uns wieder sehen ließen. So wollte es denn das Malör, daß am andern Tag nach dem Mittagessen auf einmal der Feldwebel und ein Leutnant kamen und Revisoon abhielten nach einer verschwundenen Uhr bei welcher Comp. ist mir entfallen. So wurde denn alles einer Durchsicht unternommen. So hatte ich denn von Rendsburg her wie ich da war eine Kiste mitgebracht welche im Spindt auch verschlossen stand. Wo ich denn Strümpfe, Fußlappen, Liebesbriefe und auch mein übergespartes Geld darin 13 Thaler in Fußlappen eingewickelt unten in der Kiste lag. Woher des vielen Geldes, ich sagte es wäre mein recht erworbenes. Es wurde mir denn auch geglaubt. Der Herr Leutnant sagte doch es wäre ja doch nicht erlaubt, daß die Manschaft so viel Geld bei sich hätte 5 bis 6 Mark mehr wäre nicht erlaubt. Also der Herr Feldwebel notirte und nahm es an sich. Den andern Tag war Löhnungs Appel. Da der Hauptmann noch nicht anwesend war, ließ sich der Feldwebel die Brustbeutel vorzeigen wegen ihren Inhalts. Wie er denn bei mir an der Reihe kam und besah und befühlte den Inhalt. Kriegens sies mal raus, daß hat wohl schon lange darin gesessen, und ein dänischer Sechser kam zum Vorschein, so rief er auch sogleich Blunk welcher auf dem rechten Flügel der Korporalschaft stand. Kriegen sie es auch mal aus ihrem Brustbeutel, es ist wahrscheinlich ein dänischer Sechser. Richtig. Der Feldwebel nahm beide an sich und ließ sich denn auch noch unsern Portemanee zeigen. Ich hatte noch 1 Thaler und 6 Groschen darin. Blunk hatte aber noch seine ganze Baarschaft darin von Gestern. Alles foppte er ein der Feldwebel. Nun wir bekamen denn auch ja gleich unsere schwere Löhnung ausgezahlt. Nun das Geld war ja eben nicht weg und verloren es konnte möglichs auch noch Zinsen tragen. Blunk holte denn sein Geld nach und nag wieder zurück. Ich konnte mich aber nicht dazu bequemen etwas zu fordern. Pumpte mir denn von denen die nicht allein waren. Schicken lassen konnte ich mir ja nichts, denn das Geld und die Post geht durch die Hand des Feldwebels. Halt ich habs! Gegen der Kaserne über wohnte ein Zigarrenmacher, welcher auch allerlei Efekten als Wichs und Seife u.d.gl. für einen Soldaten Brauchbares feil hielt. Mit dem wurde ich eins lies mir Geld Privat an den Zigarrenmacher schicken von zu Haus. So wurde dem Feldwebel ja auch die Zeit lang da Blunk schon sein Vermögen alles aufgehoben hatte. Mein aber stand noch unangetastet da beim Feldwebel. So wurde denn dem Feldwebel die Zeit etwas lang mit der Kündigungs des Kapitals. Da wir Beide etwas Starkopfig waren, konnte er jedoch die Zeit nicht abwarten nach Ablauf von 2 Monaten und so frug er mich denn ob ich keines Geldes bedürfe, da ich doch immer zur Stadt ging und mich auf dem Tanzboden bewegte. Wie ich denn zu dem Gelde dazu käme. Ich sagte ich ließe es mir etwas von zu Hause schicken. Er meinte da wäre ihm nichts von bekannt. Denn das bekäme er doch eher wie ich. Ich sagte ich ließe es mir Privatim schicken, sonst würde es mir ja doch vorenthalten und das wärer mich zugegen. Das war ihm denn auch nicht Lieb, wir kannten uns denn doch gut, weshalb denn diese starköpfigkeit. Er kriegte mich bei den Ohren und schüttelte mich, so sollte ich gleich nach dem Appel kommen und mein Geld in Empfang nehmen. Wenn ich nicht mich mit ihm so gut verstanden hätte, so würde ich mich auch wohl gehütet haben mich so zu benehmen. So blieben wir jedoch gute Freunde bis zu meiner Entlaßung. So noch eins aus meinem ersten Dienstjahr mit dem Herrn Breuer. Sonst schlanck und gewand in allen Uebungen des Dienstes, sowie beim Turnen und Fechten und Bajonettirren so wir unter die Aufsicht des Herrn Leutnant Forkenbeck waren. So ließ uns der Leutnant denn oft wenn wir ordentlich zugelangt hatten, eine halbe Stunde früher laufen vor allen in der ersten Turnklaas. Ja, wozu ich denn auch gehörte. Dan hatten es wir so eilig, daß wir hinauf auf die Stuben rannten und auch gleich wieder herunter kamen und zur Stadt verduften, damit uns Herr Breuer nicht erst zu packen bekam und zur Arbeit anhielt. Das war denn dem Leutnant For-kenbach schon mehrfach aufgefallen und so frug er denn, wie es denn damit für eine Bewandnis hätte. Ja sonst befahl uns dan Herr Breuer bei ihm zu arbeiten. Das meldete der Leutnant dem Herrn Hauptmann. Wovon er dan einen Rüffel bekam. Ich war denn ja immer denn ja von der Sorte, wo er denn einen solchen Pick auf mich hatte. Also ich war Ordenanz beim Herr Major, und so wer nicht wagt auch nicht gewinnt. Wer es Gut hat wills besser haben. So stiecht einen denn der Hafer, wie man im allgemeinen Leben sagt. So ergings auch mir. Also war unser Batl. mit dem Seebatl. zur gegenseitigen Felddienst ausgerückt um 6 Uhr Morgens. Ich durfte nicht mit. Ich mußte denn um 7 Uhr aufs Schloß nach Se. Ex. Schimmelmann mit meine Actenmappe unter dem Arm. Wie ich denn wieder Retour komme u. die Strassen sind leer von Infantrie und Mariene. Läßt es mich einfallen in einen Keller zu gehen um einen Schluck zu trinken. Damit nicht genug ich stecke mir auch eine Havanna an und kucke auf die Straße. Luft ist rein und dampfe längs den Tritour. Auf der Ecke der Holstenstraße und der Flinthörn angekommen, höre ich Sporrengeklirr. Wo in aller Welt wo kommen jetzt denn die Sporren her. Wir hatten ja so zu sagen nur 3 Sporrenträger in der Garnison. Der Stadtkomandant und die beiden BatlKomandeure mit ihren Adjudanten. Die Zigarre aus den Mund und das Lebenslicht ausgedrückt war ein Augenblick. Front gemacht und der Herr Major ging grüßend vorbei und hatte es eilig. Aber ich hatte mir die Hand verbrandt, na das ging denn ja auch wieder vorüber. Doch wie ich Abends von der Post kam und er die Sachen durchgesehen hatte, mußte er doch etwas davon gesehen haben das nicht alles in Ordnung war, wie ich einpackte. Ruhser zeichen sie mir mal ihre rechte Hand. Ich thats denn ja auch. Nun hab ich nichts gesehen, so hab ichs doch gedagt. Also sie haben geraucht? Jawohl Herr Major. Lügen half doch ja nichts. Nun ich gebe ihnen deshalb keine Zigarren um im Dienst zu Rauchen. Das darf ich auch ja nicht. Also ihre Strafe wird sein das sie zum nächsten Monat abgelößt werden. Es that ihm leid es zu thun er hätte mich gerne behalten. Aber wegen die Disseplien könnte er nicht anders die müße hoch gehalten werden. Donr heh mien sitten. Noch einiges vom Herrn Major. Wenn ich denn von der Post oder sonst zu ihm kam, was sonst ja nicht eben Gebräuchlich ist beim Kommis, daß ich dan guten Morgen, guten Tag oder Abend und Nacht sagte, wie er mir denn auch wünschte. So mußte ich denn fielfag wenn er die Briefschaften durchsah, ihm die Pfeife stopfen und anzünden, überhaubt gebrauchsfähig überreigen. So that ich denn auch ja erst recht Paar kräftige Züge daraus, denn er rauchte eine gute Nummer. So hatte er auch oft eine Geselschafterin bei sich. Wenn ich kam sagte mir der Bursche oder das Dienstmädchen mir schon Bescheid wenn ich kam, und dieselbe schon anwesend war. So stand der Tisch mit einer Längseite an der Wand er davor und das Frauenzimmer ihn zur linken, ich ihm zur Rechten aber 3 Schritt vom Tisch entfernt dem Frauenzimmer gegenüber und Schauten uns in die Augen. Nun wir konnten in seiner Gegenwart, nicht viel Grimmassen und Gesichter schneiden. Aber mit den Augen konnten wir uns doch Gegenseitig unsere Gefühle austauschen. Denn ich war damals mit meinen 24 Jahren ein ganz anderes Proviel, mit meinen rothen Backen, welche jetz ja noch besitze, als so ein plumper Graukopf von Kerl wie der Herr Major war. Lachen durften wir auch ja nicht wagen um Eifersucht zu entfalten. Das war denn manchmal eine schwere, lange halbe Stunde. Ohne Befehl darf man aber beim Militär nichts ausführen. Sonst hätten ich und das Weib uns ja nur in der andern Schlafstube uns die Zeit solange vertreiben können, während der Zeit der Herr Major die Sachen durchsah. So kam denn ja der 1 Juli heran und mich bei der Comp. als entlassen anmeldete. Wo mich der Hauptmann denn etwas ungnädig empfing und nicht wußte warum ich entlassen wurde. Der Major hatte mir es verboten zu sagen. Doch dem Feldwebel habe ichs erzählt. Da er doch die Mutter der Comp. ist und ich ein Kind derselben. Doch muß ich noch eins erwähnen. So wir Batl. Exiziren auf dem großen Uebungsplatze hatten so mußte ich denn ja auch mit. Wenn der Pferdebursche wieder abrückte mit dem Schimmel, welchen der Major zuerst ritt beim den Griffen Wendungen und Sections und Zügenmärschen. Wenn er alsdan zum Feldedienst überging und die Halbbatl. Auseinander zog. So hatte während der Zeit der Bursche den Rappen zur Raison gebracht das alsdan der Herr Major sich darauf setzen konnte. So wurde getauscht und der Bursche ritt mit dem Schimmel zu Stadt und mußte denn gegenwärtig sein wenn er sollte etwas begehren. So rief er mich denn gewöhnlich heran und Ruhser borgen sie mir mal einen Stift. Dan hielt ich ihn meinen Tabaksbeutel hin um sich einen Stift heraus zu nehmen. Und auf den Rabben arbeitete und abging. Dies andre Pferd der Rappe war ein schwarzer Wallach und ein Halbblut von Araberhengst. Der ging so zu sagen durch die Latten. Deshalb mußte der Bursche ihn auch erst zur Reison bringen, das er mit Schaum bedeckt war und einem Schimmel ähnlich sah, eher stieg der Major nicht darauf. So hatte denn ich auch einmal einen Streich mit dem Pferd zu bestehen. Also ritt ich denn mit dem Burschen mit den beiden Pferden, nach dem Uebungsplatz um sie zu rühren den Felsweg entlang. Wie wir denn bei unserm Ritt recht im Gespräg sind fliegen da eine Schaar Rebhühner auf. Das Pferd erschrickt thut einen Sprung zur Seite, und unser Nicolaus fliegt in den Knick. Das Pferd geht natürlich durch über den Schlachbaum zum Exirplatz und tobt sich aus. Ich krappelte mich wieder heraus. Gut war es das es glücklicher Weise kein Schleedorn war, wo ich hinein gepurzelt war. Nun wir fingen ihn leicht wieder ein. Ein andermal sollte ich denn auch das Springen mit dem Rappen über einen 10 Fuß breiten Graben vollführen. Da der Bursche mich Instruirt hatte wie ich machen sollte, so gings denn los mit 50 Meter anlauf. Anstatt das ich die Zügel beim aufheben anzog und beim Uebersspringen nach gab, that ich das Vekehrte und so erreichte das Pferd mit den Hinterfüßen das jenseitige Ufer nicht und fiel Nicolaus rutschte natürlich herunter und lag daneben. So hatte der Gaul mir denn auch noch bald einen mit dem Vorderfuß über den Schädel gereicht. Da ich den Zügel festhielt, so entschlufte er mir denn doch nicht. So ist es alles muß geübt und gelernt werden. So ich denn ja meines Ordenanzposten erledigt und zur Comp. zurückgekehrt. So mußte ich denn die zweite Woche schon den Ordenanzdienst der Comp. übernehmen. Am zweiten Tage wie ich vom Herrn Hauptmann wieder heraus komme, stehts des Herrn Haubtmann sein Früstück mit ner kleinen Pulle Kümmel auf dem Koridor. So wie ich denn raus komme schnell ein Schluck aus der Pulle und Raus. Wie ich Abends das Mädgen treffe, sagt sie einfach, ich wäre bei des Hauptmanns Pulle gewesen. Marie du bist ja wohl meschuche, doch wahr sagt sie und geht weiter. Na gut denke ich. Wie ich den andern

Morgen wiederkomme, stehts Frühstück schon wieder an voriger Stelle. Ich gehe aber ab, wie ich die Haustür anfaße, kommt Frau Hauptmann aus der Stubenthür und ruft mich zurück zur Stube zu kommen. Ruhser ich möchte sie etwas fragen. Ja! Sie sollen mir aber die Wahrheit sagen, wo sie denn auch ganz ernsthaft bei aussah? Ja. Sie haben gestern doch den Kümmel getrunken von dem Früstücktisch des Herrn Hauptmann? Ja! Weshalb denn? Na ich möchte wissen was der Herr Hauptmann für eine Nummer trinke. Nummer? Ja welche Sorte es sei. Da fing sie an zu lachen. Nun die Sorte? Die ist besser als die ich sonst bei Arp auf dem Kuhberg trinke. Was kostet denn derselbe? Die Flasche 6 Groschen. Des Herrn Hauptmann aber 14 Groschen die Flasche. Also ein großer Unterschied an Geld, aber auch an Geschmack erwiederte ich. Da fragte sie denn ob ich denn gerne einen Kümmel trinken möchte? Ja gab ich zur Antwort. Da gab sie mir die Hand und sagte nun Ruhser da sie denn so ernhaft die Wahrheit gesagt und sie nicht belogen hätte, würde sie mir zur Belohnung noch einen Schluck traktirren. Darauf eilte sie zur Küche und kam bald mit einem Punschglas voll des köstlichen Inhalts. Der verschwand denn auch mit Behagen in Nicolaus Magen. Dan vermahnte sie mich noch mich nicht an dem Sein anderer zu vergreifen. Nah ich bedankte mich denn noch und machte Kehrt. Erhielt einen Schlach auf die Schulter und schob mich zur Thür hinaus. Also gut wieder abgelaufen. Wieder hatte Ruhser Glück. Erhielt also noch 3 Morgen hinter einander meinen Früstücksschnaps von Frau Hauptmann. Sonntags begegnete mir in der Stadt denn der Herr Hauptmann mit seiner Gemahlin im Arm, ich hatte natürlich auch ein Fräulein im Arm um zum Tanzboden zu gehen. Also gegenseitig gegrüßt, Frau Hauptmann machte jedoch ein sehr freundliches Gesicht. Da sie es ihn wohl erzählt hatte von wegen des Kümmels. Genug am andern Morgen wie die Comp. angetreten ist, war er sehr ärgerlich. Es hatte Verschiedene wieder Reißaus vor ihm genommen und hatten sich seitwärts in die Büsche geschlagen, um ihn nicht zu begegnen, als wenn er welche auffressen thät. Er sagte ich habe noch nie einen aufgefressen der mir begegnet ist deshalb dürfe Keiner Furcht vor ihm haben. Ruhser! Herr Hauptmann? Treten sie vor. Ich Gewehr auf und trete vor die Comp. dem Gestrengen gegenüber. Kehrt. Gewehr ab, Rühren. Nachdem er noch einiges zu der Comp. krakelt hatte. Nun seht diesen Kerl an der weiß nichts von Furcht vor mir. Der Kerl säuft erst mir den Kümmel zum Früstück aus. Bekomt dafür noch mehrere morgen seinen Kümmel von meiner Frau wegend er die Wahrheit sagt kann ihn so nicht mal bestrafen für seinen Diebstahl indem es mir meine Frau gesagt hatte, das der Ruhser ein ganz andrer Mann wäre auf der Strasse zu begegnen und seiner ehrlichkeit wegen der Kümmel Angelegenheit. Mein Herz jauchste. Der Leutnant stand hinter mir und sagte zum Feldwebel das ich es hören konnte. Nun sehen sie mal wie das Herz dem Kerl im Leibe lacht. Das that es denn auch gehörig. So wollte denn Herr Manke der am Exirzier Platz wohnte und in dessen Behausung auch unser Hauptmann wohnte, auch 8 Männer haben zur Arbeit in der Ernte. 6 zum Mähen und 2 Mann zum Hocken. Aufgebunden ward es von Frauen. Nachdem schon 20 Mann auserhalb der Comp. waren so sollte ich denn die 8 Mann zusammentrommeln. Ich kam denn auch mit 5 Mäher und 2 Hockern an und der 6 Mäher wehre denn ich selbst. Da sah er mir denn recht ernst an, ich sollte doch CompDienst thun. Es waren aber nicht mehr Schnitter daschwischen.

Anmerkungen zu Nicolaus Ruhsers Schreibweise

Ruhser schreibt häufig wie gesprochen, z.B.:
Unterofzier – Unteroffizier, Attilerie – Artillerie, kucken – gucken, meschuche – meschugge.

Der Buchstabe g wird oft als ch verwendet, z.B.:
– arch – arg, jedog – jedoch, Mädgen – Mädchen/Dienstbotin, damalich – damalig, Gespräg – Gespräch, fielfag – vielfach, überreigen – überreichen.

Das ie meistens nur i, aber auch mal umgekehrt z.B.: *maschiren – marschieren, Maschiene – Maschine, Israeliet – Israelit, Disseplien – Disziplin.*

Das ss/ß oft nur s, z.B.: *ausen – außen, pasirt – passiert.*

Das tzt oft nur tz, z.B.: *jetz – jetzt, gesetz – gesetzt.*

Doppelte Konsonanten werden häufig einfach geschrieben, z.B.:
dan – dann, Komando – Kommando.

V oft für f, z.B.: *sovort – sofort, Provesor – Professor.*

Die Konsonanten d/dt oft für t, z.B.: *Brod/Brodt – Brot, endkleiden – entkleiden, Arestandt – Arrestant.*

Cch für Ch, z.B.: *Cchaussee – Chaussee, Cchassepot – Chassepot, Cchemisch – Chemisch.*

Weitere Schreibweisen:
Polizitz – Polisist, Jenzseit – Jenseits, Kopon – Coupon.

Literaturangaben

Gravert, Johannes: Die Bauernhöfe der Kremper- und Kollmar-Marsch zwischen Elbe, Stör und Krückau, Glückstadt, 1929.

Klaus-Joachim Lorenzen-Schmidt: Kleines Lexikon alter schleswigholsteiner Gewichte, Maße und Währungseinheiten, Neumünster 1990.

Mensing, Otto (Hrsg.): Schleswig-Holsteinisches Wörterbuch (Volksausgabe) in 5 Bänden, Neumünster 1925–1935.

Der Kremper Menschenmarkt um 1900

Martin W. Schröder[1]

Jeden Sonntag im Sommer und auch im Winter war zum großen Verdruss meines Vaters[2] in den Vormittagsstunden in Krempe öffentlicher „Menschenmarkt". Von allen Seiten strömten die Bauern, Bauernsöhne, Knechte, Händler, Makler und Gesindevermieter[3] zusammen. Auf dem Marktplatz standen diese Leute und handelten Ochsen, Schweine, Korn und dergleichen. Die Makler machten sich an die Bauern heran, um möglichst viel Korn zu vermitteln. Knechte, Erntearbeiter, Dienstjungen und Dienstmädchen wurden gemietet. Wollte ein Bauer einen neuen Knecht haben, wandte er sich an den Seelenverköper mit der Frage: *„Haß du nich een goden Knech för mie?"* Natürlich hatte er einen, der gerade passend für ihn sein sollte – *„dat is een bannigen!"* sagte der Gesindevermieter. War der Knecht auch anwesend, wurde er herbeigerufen. Dann ging das Fragen los: *„Worum wullt du denn weg von din buern?"* Meist gab es eine unschuldige Erklärung: *„Ick will mol wat anners kennen lern!"* Waren Lohn und Antritt vereinbart, bekam der Knecht das „Godsgeld"[4] und der Vermittler seine Provision. Auch die

---

1   *Entnommen aus: Archiv für Agrargeschichte der holsteinischen Elbmarschen, 1 u. 2/1980, S. 79–83.*

2   *Hans Schröder (1831-1902), „wegen seiner kirchlichen Gesinnung auch ‚Hans Pastor' genannt". Vgl. J. Gravert, Die Bauernhöfe zwischen Elbe, Stör und Krückau mit den Familien ihrer Besitzer in den letzten 3 Jahrhunderten, Glückstadt 1929, Nr. 162.*

3   *„Seelenverköper" genannt.*

4   *Gottesgeld – vgl. dazu S. Göttsch, Beiträge zum Gesindewesen in Schleswig-Holstein zwischen 1740 und 1840, Neumünster 1978, bes. S. 28 f.*

weiblichen Dienstboten wurden so verhandelt, nur waren diese nicht auf dem Markt anwesend. Der Vermittler schilderte dann die Tugenden, die Ehrlichkeit und so weiter. War der Bauer entschlossen, diese Perle zu mieten, gab er dem Vermittler außer seiner Provision auch den Taler „Godsgeld"; er war verpflichtet, diesen an das gemietete Dienstmädchen weiterzugeben. Durch die Annahme des Gottesgeldes entstand für die Dienstboten die heilige Pflicht, den Dienst termingemäß anzutreten. Taten sie es nicht, mussten sie den Taler zurückgeben und wurden bei Anzeige polizeilich bestraft. Der Kornmakler, oft ein Mann, der zugleich Gesindevermieter war, suchte mit den Bauern Abschlüsse in Korn und Raps zu tätigen. Die Viehhändler und Schlachter handelten Vieh aus. Hierbei wurde nur der Wille bekundet, das Vieh an eine bestimmte Person verkaufen zu wollen. Zeitweilig hatte es sich auch schon eingebürgert, in den Herbstmonaten Magervieh direkt nach Krempe zu treiben und in dem Stalle eines Gastwirtes unterzustellen. Dieses Vieh konnte natürlich sofort ausgehandelt werden. Es wurde aber bald polizeilich verboten, Vieh dort einzustellen.

Um Viertel vor 10 Uhr rief der Stadtpolizist[5], nachdem er zuvor seine große Klingel kräftig geschwungen hatte: „De Markt is ut!" Auf der Stelle begaben sich alle Besucher vom Markte weg, sonst wären sie ohne Weiteres in Strafe genommen worden. Einzelne gingen in ihr Stammgasthaus, nahmen schnell einen Schluck oder einen Grog, ließen sich ihr Gesangbuch geben und gingen in die Kirche. Die meisten saßen in den Gasthäusern, tranken, handelten und schwatzten weiter. Etliche suchten ihre Kaufleute auf und kauften ein, was sie gerade brauchten. Es gab damals noch keine Sonntagsruhe – jeder Kaufmann konnte auch am Sonntag so lange handeln, wie er wollte. In den Erntemonaten oder kurz davor hatten die Eisenkrämer viel zu tun. Dann wurde neues Erntegeschirr, besonders Sichen zum Kornmähen und Sensen zum Grasmähen geprüft und immer wieder in die Hand genommen.

Etwa um 12 Uhr verließen die letzten Besucher die Stadt. Mein Vater hat immer wieder versucht, den Menschenmarkt verschwinden zu lassen, aber er hat es nicht erreicht. Wie zäh die Marschbauern und na-

---

5   *Bis in die Zeit der Weimarer Republik gab es neben der staatlichen oder Provinzial-Polizei (Gendarmen) auch noch kommunale Polizei. Krempe hatte z. B. einen Polizeidiener.*

türlich auch die Kremper Gastwirte, Kaufleute und Makler den Menschenmarkt verteidigt haben, zeigt folgende wahre Begebenheit: Krempe hatte viele Jahre einen Pastoren namens Hasselmann[6]. Als er starb, warben die interessierten Kremper dafür, seinen Sohn Paul als Pastor anstelle des verstorbenen Vaters zu wählen. Da schickte man eine Abordnung zum Pastor Paul Hasselmann und ließ ihm sagen, dass man ihn zum Pastor der Gemeinde wählen würde, wenn er ihnen das Versprechen geben würde, den Menschenmarkt nicht anzutasten. Er versprach es und wurde gewählt. Aber ihr Pastor ist kläglich als Trinker zugrunde gegangen und aus dem Amt entlassen worden.

Nun noch ein paar Blüten von den „Seelenverköpern". Das war ein Schlag Menschen für sich. Meist nahmen sie es nicht so genau mit der Wahrheit.

Als einst ein Mann dieses Geschäft anfangen wollte, meinte ein Kollege: *„Mit dem wird es nichts, der lügt zu sehr!"* Darauf antwortete mein Vater: *„Du sagst auch nicht immer die Wahrheit."* Darauf antwortete dieser: *„Das stimmt. Ich lüge mich aber auch immer wieder los! Dieser Kollege lügt sich aber immer fest."* Wie er das Loslügen machte, zeigt folgender Fall:

Ein Bauer in der Gemeinde war sehr jähzornig,und seine Dienstboten bekamen zuweilen eine Tracht Prügel von ihm. Das ließen sie sich natürlich nicht gefallen und gingen wieder weg. Bald wollte kein ordentlicher Knecht oder Dienstjunge zu dem Bauern. Da sagte der Bauer zu dem „Seelenverköper": *„Besorge mir doch mal einen ordentlichen Knecht, der ein paar Jahre auf einer Stelle gewesen ist."* Der Vermittler versprach es, und am nächsten Sonntag sagte er zu dem Bauern: *„Jetzt habe ich einen, der zwei Jahre an einer Stelle war. Der wird richtig sein."* Nach einer Woche hatte der Bauer den Knecht schon wieder fortgeschickt, weil er gar nicht zu der Arbeit zu gebrauchen war. Da sagte der Bauer entrüstet zu dem Vermittler: *„Der Kerl taugt ja gar nichts! Wo war er denn die zwei*

---

6 *Carl Berend Hasselmann (1827–1891) wurde 1864 zum Hauptpastor in Krempe gewählt und 1873/74 zum Pröpsten der Propstei Münsterdorf ernannt. Sein Sohn Paul Friedrich Julius Hasselmann (geb. 1866) wurde 1893 als Hauptpastor in Krempe eingeführt, aber am I. Oktober 1908 auf seinen Antrag aus dem Dienst entlassen. Vgl. H. Ruhe, Chronik der Stadt Krempe, Glückstadt-Hamburg-New York 1938, S. 214.*

Jahre?" Gelassen sagte der Vermittler: *„In Glückstadt in der Königstraße."* Dort war nämlich das Gefängnis!

Wir waren besser daran. Wir brauchten die Gesindevermieter nur sehr selten in Anspruch zu nehmen. Unsere Dienstboten blieben meistens sehr lange bei uns. Die Dienstmädchen gingen in den meisten Fällen erst von uns, wenn sie heiraten wollten. Zu den Großeltern sagte der Knecht und auch das Dienstmädchen „Vater" und „Mutter" und „Sie". Der Vater und die Mutter und später meine Schwester Auguste kümmerten sich immer um das Wohl der Dienstboten. War die Frau oder ein Kind eines Tagelöhners krank, wurde sogleich Krankensuppe gekocht und hingeschickt. Der Vater sorgte dafür, dass die Dienstmädchen den erhaltenen Lohn zur Sparkasse brachten. Hatten sie noch kein Sparbuch, besorgte er ihnen eines. Einst hatten wir ein 16jähriges, sehr einfältiges Mädchen namens Tine Gripp. Sie war ganz früh verwaist und dann von der Gemeinde zu einem Bauern ausgetan worden. Sie bekam für ihre Arbeit in Haus, Feld und Garten bis ein Jahr nach ihrer Konfirmation Kost und Kleidung, aber keinen Lohn. Als Vater ihren im ersten Halbjahr verdienten Lohn nach der Sparkasse bringen wollte, meinte sie, sie könnte das Geld ja zu ihrer Großmutter bringen, welche 80 Jahre alt war. Als man ihr erklärte, dass sie auf der Sparkasse Zinsen bekäme, musste man ihr das erst genau erklären. Zu meiner Schwester meinte sie: *„Nee deern, dat kann doch ni angahn, dat de Sparkass mi noch geld togift, wenn se min geld opbewahren deet!"* Sie war sehr, sehr sparsam. Zur Kirche wollte sie nicht gehen, weil sie dann mindestens einen Pfennig in den Klingelbeutel werfen müsste. Da hat sie vom Vater stets das nötige Kleingeld dazu bekommen und ist dann auch gerne in die Kirche gegangen.

Viele Jahre hatten wir einen alten Knecht, der Witwer war. Er war ganz in Kost und Pflege bei uns. Auf einem Auge war er blind. Doch behauptete er, dass er ein vorzügliches Auge hätte. Wenn das jemand bezweifelte, sagte er, er könnte durch ein Eichenbrett sehen, es müsse natürlich ein Loch darin sein. Er hatte den Kopf trotz seiner 63 Jahre immer voller Flausen. Er hieß Johann Möller – wir nannten ihn nur „Kammerherr". Er sagte von sich: *„Ich bin doch Herr in meiner Kammer und darum kann ich mich Kammerherr nennen."* Mit 63 Jahren reiste er zu seiner verheirateten Tochter nach Amerika.